PROGRAMACIÓN

UX

PARA PRINCIPIANTES

Tu Primer Paso para Crear los
Mejores Diseños de UI/UX

DYLAN CHRISTIAN

Índice de Contenidos

Introducción

Si has elegido este libro, entonces es seguro que estás interesado en aprender sobre programación UX. Y has llegado al lugar adecuado. Este libro te enseñará todo lo que necesitas saber sobre la programación UX, desde lo más básico hasta los conceptos más avanzados.

Cada capítulo de este libro está diseñado para construir sobre los conocimientos que has aprendido en el capítulo anterior. Al final de este libro, tendrás una sólida comprensión de lo que es la programación UX y cómo aplicarla a tus propios diseños.

Este libro está dividido en dos fases y 10 capítulos. La fase 1 consiste en aprender los fundamentos de la UX y la UI. Cubriremos temas como UX y UI, los diferentes tipos de UX, cómo diseñar personas de usuario de acuerdo con su proyecto de UI, y cómo crear prototipos. No te preocupes; entraremos en más detalle sobre lo que significan estas cosas más adelante. En la fase 2, haremos realmente un trabajo práctico. Introduciré HTML y CSS, y crearemos juntos una sencilla página de inicio de comercio electrónico. A continuación, pasaremos a una herramienta de prototipos de interfaz de usuario que nos mostrará cómo funciona la creación de prototipos. Todos los recursos están disponibles en nuestro Google

Drive. He proporcionado los enlaces para que puedas descargarlos fácilmente. Al final de este libro, tendrás una sólida comprensión de lo que es la programación UX y cómo aplicarla a tus propios diseños.

Así que, sin más preámbulos, ¡comencemos!

FASE 1:
LO BÁSICO

Capítulo 1

Introducción:
¿Qué son la UX y la UI?

Qué discutiremos en este capítulo:

- ¿Qué es exactamente la UX?

- ¿Qué es la interfaz de usuario?

- ¿Cuáles son los componentes básicos de la UX?

- ¿Cuáles son los elementos básicos de una UI?

- ¿A qué se llama una buena UX?

- ¿Cuáles son las características de una buena UX?

- ¿Por qué es tan importante la UX en el mundo actual?

El diseño no es sólo lo que parece o se siente. El diseño es cómo funciona -Steve Jobs

Seguramente has escuchado la palabra "Experiencia de Usuario" lanzada aquí y allá. Lo más probable es que seas un principiante que quiere aprender cómo funciona la UX. Pero al igual que muchas otras personas, es posible que tú también lo hayas asociado a un lenguaje muy tecnológico o a algún lenguaje informático, cuando en realidad no es nada de eso. Sí, la UX o interacción persona-ordenador se enseña como parte de muchos cursos de informática, pero cualquiera puede aprenderla. CUALQUIER persona, incluido tú. Antes de profundizar en cómo puedes aprenderlo o por qué deberías aprenderlo, y por qué es tan importante en el mundo moderno de hoy, hablemos primero de lo que realmente es la UX.

Entonces, ¿Qué es la UX?

Como ya habrás adivinado, UX son las siglas de **User Experience**. No tiene nada que ver con la informática. Entonces, ¿por qué se llama experiencia de usuario? Bueno, significa exactamente lo que suena; crear una buena experiencia a través de medios digitales o modernos como teléfonos móviles, tabletas, productos, servicios, sitios web, etc. Para el USUARIO, esta experiencia de usuario debe ser fácil, sencilla, receptiva y sustancial.

La experiencia del usuario se centra en crear un diseño útil que sea exactamente lo que el usuario necesita. Incluso tus electrodomésticos de uso cotidiano utilizan funciones de UX, como las interfaces del panel táctil del microondas o del horno. Lo mismo ocurre con tu televisor inteligente. Cada interacción entre el hombre y el ordenador que te encuentras en cualquier aparato digital o electrónico es una experiencia de usuario para ti.

No es necesario buscar el significado de la UX en el mundo exterior. La mejor manera de buscar el significado de UX es a través de tu propia experiencia. Tú, como usuario, puedes haber abierto un sitio web o una aplicación. Digamos que quieres comprar las nuevas zapatillas Nike. Entonces, si abriste el sitio web de Nike, te desplazaste por el sitio web, viste las especificaciones del producto que querías comprar, y simplemente miraste bien lo que querías es tu propia UX (experiencia de usuario). Enhorabuena, has tenido tu propia experiencia de usuario a través del sitio web de Nike, y si esta experiencia era lo que buscabas, es decir, fácil, sencilla, buena navegación, buen contenido, acabas de tener una UX increíble. De hecho, esa sensación de alegría que acabas de tener en tus entrañas ¡se llama UX! Nosotros, como seres humanos, estamos constantemente tocando o siendo tocados por el mundo de la UX.

Tener una mera interfaz o diseño no es el objetivo de la UX. Por eso, tener una buena UX va de la mano con el objetivo de tu negocio o producto. Tienes que ofrecer un diseño o solución fluida, receptiva, simple y directa al usuario para que realmente lo disfrute o le guste. Ese es el único propósito de hacer o aprender UX en primer lugar. ***Una experiencia excelente y sin fisuras para el usuario.***

Como he dicho antes, la UX abarca el producto, el servicio o el negocio.

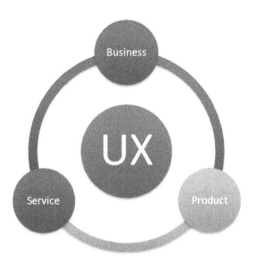

Un producto no se fabrica sólo por su aspecto o diseño. Tiene que funcionar según las necesidades de su usuario o cliente. En el universo del diseño de productos, la UX debe hacerse en función del funcionamiento del producto.

Te vamos a contar la historia de una empresa de electrónica sostenible llamada "Electrolux". No se limitan a dar aparatos de alta tecnología. De hecho, han llevado el elemento de "interacción" a un nivel completamente nuevo.

A la hora de fabricar sus aparatos, prestan especial atención a la investigación de los usuarios. ¿Conoces el viejo adagio? Para entender las necesidades del usuario, hay que ponerse en su lugar. Pues bien, esto es exactamente lo que hacen los chicos de diseño de Electrolux. Tomando el ejemplo del lavavajillas, una buena investigación por parte de la empresa reveló que las familias suelen cargar los platos durante el día y hacer correr el agua de la vajilla por la noche. La segunda cosa que observaron fue que muchos individuos optan por elegir el método rápido para limpiar sus platos. Este fue un patrón de comportamiento que observaron en la mayoría de los hogares. En realidad, no necesitaban limpiar la vajilla rápidamente.

Entonces, los chicos de Electrolux crearon una interfaz a la que llamaron "Quickselect Eco", que tarda unas 3 horas en terminar de lavar la vajilla y requiere poca energía y agua para realizar la tarea.

Al final, esta experiencia de usuario se tradujo en facturas bajas para las familias. Esto es lo que llamamos una buena experiencia de usuario en el diseño y la creación de productos.

Para construir un buen diseño de experiencia de usuario, hay que tener en cuenta lo siguiente:

- ¿Es fácil para los usuarios encontrar lo que buscan?

- ¿Cómo de fácil es para los usuarios entender lo que están viendo?

- ¿Qué facilidad tienen los usuarios para utilizar el producto?

- ¿Cómo de satisfactoria es la experiencia general para los usuarios?

Ya que estamos hablando de UX, es posible que también hayas oído hablar de UI. De hecho, este pequeño amigo es lanzado cada vez que se menciona la UX. ¿Qué es la interfaz de usuario?

La interfaz de usuario (UI) es lo que los usuarios verán cuando utilicen su producto. Esto incluye los botones, iconos y otros elementos visuales con los que van a interactuar. Tu objetivo con la UI es asegurarte de que sea fácil de entender y usar para tus usuarios.

Un buen diseño de interfaz de usuario debe tener en cuenta lo siguiente:

- ¿Cómo de fácil es para los usuarios ver lo que necesitan ver?
- ¿Qué tan fácil es para los usuarios interactuar con el producto?
- ¿Es intuitivo el diseño?
- ¿Tiene el diseño un aspecto bueno y profesional?

La creación de un buen diseño UX/UI consiste en lograr un equilibrio entre estos dos aspectos. Si consigues que tu producto sea fácil de usar y razonable y, al mismo tiempo, que tenga un buen aspecto, estarás en el buen camino para crear los mejores diseños UX/UI posibles.

Consejo Profesional:

Un consejo que debes conocer a la hora de diseñar un buen diseño UX/UI es pensar en cómo tus usuarios van a

interactuar con tu producto. Tienes que tener en cuenta
sus necesidades y deseos a la hora de utilizar tu producto.
De esta manera, podrás diseñar un producto que les
encantará y que podrán utilizar fácilmente.

Dado que la interfaz de usuario consiste en el diseño visual del producto, el sitio web, la tableta o cualquier otro medio, a continuación, se ofrece una lista de algunos de los componentes o elementos digitales que conforman la interfaz de usuario:

- Botones

- Campos de texto

- Menús desplegables

- Deslizadores

- Casillas de verificación

- Botones de radio

- Campos de entrada

- Diseño

- Botones CTA (llamada a la acción)

- Tipografía

- Combinación de colores

- Diseño y estética general

Características de la UX:

- Una buena UX debe ser intuitiva y fácil de usar

- Debe ser visualmente atractiva

- Debe ser capaz de tener en cuenta las diferentes formas en que los usuarios pueden querer utilizar un producto

- Debe tener una gran capacidad para resolver problemas

- Debe ser capaz de pensar de forma creativa

Consejo Profesional:
La industria de la UX ha establecido algunos puntos de referencia cuando se trata de lo que es una buena UX y UI. Una buena experiencia de usuario hará que un producto sea útil, utilizable, atractivo, descubrible, accesible y fiable. Estarás bien posicionado para retomar tu aventura de UX si mantienes estas cualidades a la vista mientras haces tu investigación.

En este punto, quiero mostrarte lo que es un buen o mal diseño UX. Ya estás preparado para hacer estos juicios por ti mismo, pero el objetivo del libro es que seas capaz de ver y crear el mejor diseño UI/UX.

Estos son algunos ejemplos de un buen o mal diseño UI/UX

¿Por qué no es un buen formulario? Porque no se necesita el botón "olvidar contraseña". La gente necesita ser llevada a un enlace separado donde puedan añadir una nueva contraseña. Así que no tiene que ser un botón.

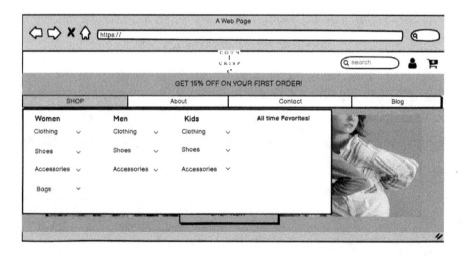

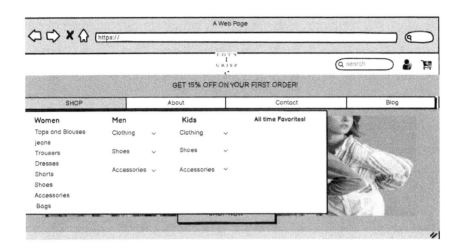

Los malos formularios tienen sentido, pero ¿qué hay de malo en el diseño anterior? Si recuerdas, un elemento clave de una excelente interfaz de usuario es facilitar las cosas al usuario. Mira el prototipo de arriba; muestra ropa y accesorios de mujer clasificados en secciones. En cambio, en el segundo prototipo, ¡toda la información está mezclada! Cuando hagas una aplicación, selecciona un esquema de colores consistente para seguir en todo el sitio web o la aplicación.

De nuevo, la ventana de acceso de la izquierda es bastante confusa y mala en términos de UI y UX. Es necesario corregir al usuario si ha introducido una [contraseña] incorrecta o pedirle que la restablezca. En caso de que el usuario quiera volver atrás o cancelar el formulario, simplemente añade botones de vuelta o un pequeño botón de cancelación en la esquina superior izquierda. **Proporciona al usuario una experiencia fluida.**

Ejercicio Práctico:

Tu tarea para este capítulo es visitar las aplicaciones móviles y los sitios web que visitas con frecuencia y hacer una lista de los elementos o cosas que te resultan frustrantes e insatisfactorios en ellos. Puede ser cualquier cosa, desde un botón que está en el lugar equivocado hasta un menú desplegable que no funciona correctamente. Una vez que tengas una lista de las cosas que te resultan insatisfactorias, intenta pensar en formas de mejorarlas. Esto te ayudará a empezar a pensar como un diseñador de UX.

Recuerda que tú eres el usuario. ¿Estas aplicaciones le satisfacen? ¿Puedes manejarlas o utilizarlas fácilmente?

Ejemplos: Algunas páginas web son fáciles de usar y navegar. Sin embargo, la función de búsqueda podría mejorarse.

Algunas aplicaciones de mapas/navegación pueden ser fáciles de usar y proporcionan indicaciones precisas. Sin embargo, la interfaz de usuario podría mejorarse.

Algunas aplicaciones sociales podrían necesitar ayuda con el abrumador flujo de noticias y pueden ser difíciles de seguir.

Si no estás seguro de por dónde empezar, piensa en esas tareas cotidianas que haces en línea, como reservar una entrada para el cine o navegar por Internet. Piensa en lo fácil o difícil que es realizar estas tareas. ¿Qué se podría hacer para mejorar la experiencia? ¿Cómo se puede agilizar el proceso?

Algunas cosas a tener en cuenta:

> *-El usuario debe ser siempre lo primero.*

> *-La facilidad de uso es la clave.*

> *-El diseño de UX consiste en resolver problemas.*

Anota estos gustos y disgustos y enumera las razones por las que te sientes así. Cuando estés preparado, comparte tus conclusiones con un amigo o compañero de clase y comprueba si tiene sugerencias para mejorar la experiencia.

Capítulo 2

Algunos Componentes Básicos de UX y UI que Necesitas Conocer

Esquema de este capítulo:

- ¿Cuáles son los componentes de la UX?

- Componentes básicos de la UX

- Componentes clave de la UX

- ¿Cuáles son los componentes de la UX?

- Tarea práctica

> *Una interfaz de usuario es como un chiste. Si tienes que explicarla, no es tan buena. - Martin LeBlanc.*

La experiencia de usuario y la interfaz de usuario son muy importantes para que cualquier sitio web funcione. Sin estos dos elementos, incluso el mejor sitio web está condenado al fracaso.

Si tiene un negocio, sabe lo importante que es hacer un sitio web fácil de usar que le dé una ventaja competitiva. Porque, seamos sinceros, no puede permitirse invertir en un sitio web difícil de usar y repleto de contenido innecesario.

En esta sección, tenemos todas las partes importantes cubiertas para ti. Ya sabes lo que es la UX y la UI. Ya conoces los fundamentos. Es hora de tomarte en serio lo de la UI/UX y ponerte manos a la obra, ya sabes. En este capítulo, vas a ver los elementos que componen el sitio web y las aplicaciones móviles, como los botones, los logotipos, la barra de búsqueda, etc. Puede que hayas oído hablar de estos elementos, pero créeme cuando digo que tienen el poder de construir tu diseño UX o pueden destruirlo por completo. ¿Diseñaste el botón equivocado? ¿Olvidaste poner una barra de búsqueda? Sí, ahí va tu sitio web en el pozo de todos los sitios web fallidos. Así que vamos a entrar de lleno en ello. El pozo no. El capítulo.

¿Cuáles Son los Componentes de la UX?

Cuando hablamos de la experiencia del usuario, podemos hablar de dos tipos diferentes de componentes:

1. Componentes básicos

2. Componentes clave

Componentes Básicos	Componentes Clave
Utilidad	Investigación de Usuarios

Deseabilidad	Estrategia UX
Accesibilidad	Diseño UX
Credibilidad	Pruebas de UX
Encontrabilidad	
Valor	
Usabilidad	

Componentes Básicos de la UX

Los siguiente son los componentes básicos de la Experiencia del usuario:

- **Utilidad**

Es un componente realmente importante de su sitio web, aplicación móvil o producto. Cuanto más útil sea su sitio web/producto/app, más eficaz será. No querrás poner tu sitio web en línea con información inútil. Será inútil para tus clientes. Para evitarlo, asegúrate de que el contenido del sitio web sea útil para tus clientes. Asegúrate de que tu contenido es interesante y útil para tus clientes. Cuando tus clientes visiten tu sitio web, deben pasar un buen rato leyendo tu contenido.

Un gran ejemplo de utilidad es el motor de búsqueda de Google. Es fácil de usar y entender, y es eficaz para ayudar a los usuarios a encontrar la información que buscan.

- **Deseabilidad**

El componente de deseabilidad de la UX consiste en saber si un producto se ha diseñado de forma que la gente quiera utilizarlo. Es uno de los factores importantes para asegurarse de que la gente utilice tu producto. El componente de deseabilidad de la UX debe considerarse cuidadosamente.

Consejo Profesional:

¿Cómo hacer que los usuarios deseen tu producto? El primer paso para hacer que los usuarios deseen tu producto es entender lo que desean. Para ello, hay que llevar a cabo una investigación de usuarios. La investigación de usuarios es un proceso que consiste en observar y entrevistar a los usuarios para conocer sus necesidades y deseos. Una vez que se entiende lo que los usuarios desean, se pueden crear diseños que respondan a esas necesidades y deseos. También es importante crear una conexión emocional con el usuario. Esto puede hacerse creando diseños visualmente atractivos y utilizando el color, la tipografía y otros elementos gráficos de forma eficaz. Otra forma de crear una conexión emocional con el usuario es contar una historia a través del diseño. Por ejemplo, la página de inicio de un sitio web podría contar la historia de la empresa y cómo

empezó. En conclusión, para hacer que los usuarios deseen tu producto, debes entender lo que desean y crear diseños que respondan a esas necesidades y deseos. También debe crear una conexión emocional con el usuario creando diseños visualmente atractivos que cuenten una historia.

- **Accesibilidad**

La accesibilidad significa asegurarte de que todo el mundo puede utilizar tu producto. Al diseñar un producto, es importante tener en cuenta que no todo el mundo tiene la misma capacidad para utilizarlo. Por ejemplo, algunas personas pueden tener dificultades para utilizar un ratón o un teclado, mientras que otras pueden ser ciegas o tener baja visión. Hay muchas maneras de hacer que un producto sea accesible. Por ejemplo, añadiendo texto alternativo a las imágenes, añadiendo subtítulos a los vídeos y utilizando eficazmente el color y el contraste. Si se tiene en cuenta la accesibilidad al diseñar un producto, se puede garantizar que todo el mundo pueda utilizarlo.

- **Credibilidad**

La credibilidad significa asegurarte de que los usuarios confían en tu producto. Cuando se diseña un producto, es importante recordar que los usuarios necesitan confiar en él para utilizarlo. Hay muchas formas diferentes de generar confianza en los usuarios. Algunas de ellas son el uso de fuentes creíbles, la provisión de privacidad y seguridad, y la oferta de asistencia al cliente. Tener en cuenta la credibilidad a la hora de diseñar un producto puede garantizar que los usuarios confíen en él.

Amazon es un ejemplo de empresa que ha generado confianza entre sus usuarios. Amazon es un minorista en línea que ofrece una gran variedad de productos. El sitio web es fácil de usar y ofrece un proceso de compra seguro. Además, Amazon ofrece asistencia al cliente en caso de que haya algún problema con un pedido.

Un ejemplo de utilidad, usabilidad y estética es Facebook. Facebook es una red social que permite a los usuarios conectarse con tus amigos y familiares. El sitio web es fácil de usar y entender, y es eficaz para ayudar al usuario a estar conectado con tus amigos y familiares. El sitio web también es visualmente atractivo y utiliza el color, la tipografía y otros elementos gráficos de forma eficaz. En conclusión, los diseñadores de UI/UX deben tener en cuenta que los diseños que crean deben ser útiles, utilizables y estéticamente agradables. De este modo, crearán diseños que sean eficaces para ayudar al usuario a alcanzar sus objetivos.

- **Capacidad de Búsqueda**

El componente de la experiencia del usuario que se puede encontrar se refiere a la capacidad de los usuarios para localizar y encontrar información en la web rápidamente. Un sitio web útil y fácilmente accesible es fácil de navegar y tiene un diseño limpio y sencillo. Los motores de búsqueda, como Google, utilizan el componente de la capacidad de búsqueda como uno de sus principales criterios para clasificar los sitios web. Si una página no se clasifica bien, es posible que tenga otros problemas, pero una mala capacidad de localización puede hacer que una página se clasifique mal, independientemente de que tenga otros problemas.

- **Valor**

El valor de la experiencia del usuario no se puede definir. Es algo que sólo se puede experimentar al usarlo. El objetivo del equipo de producto es garantizar que la experiencia del usuario sea valiosa. El proceso de diseño y desarrollo de un producto implica examinar varios aspectos del mismo.

Por ejemplo, la gente no compra ropa nueva porque piense que está a la moda. Las compran porque creen que son bonitas. Lo hacen para aumentar su valor. De este modo, el valor también es necesario para la UX.

*Probablemente no se oye hablar demasiado de ello. Digámoslo de una vez por todas: **asegúrate de que tu producto/servicio o UX merece el tiempo del usuario**. Cuando se diseña un producto, un sitio web o una aplicación, es importante recordar que los usuarios deben sentir que el producto merece su tiempo. Hay muchas maneras de añadir valor a un producto o experiencia. Algunas de ellas son proporcionar funciones útiles, hacer que el producto sea fácil de usar y ofrecer una buena experiencia al cliente. Si se tiene en cuenta el valor a la hora de diseñar un producto, se puede garantizar que los* *usuarios sientan que vale la pena su tiempo. Un ejemplo de empresa que ha añadido valor a su producto es Google Maps. Google Maps es un servicio de cartografía web que ofrece direcciones y mapas de varios lugares. El sitio web es fácil de usar y proporciona direcciones precisas. Además, Google Maps ofrece diversas funciones, como la vista por satélite y las condiciones del tráfico.*

- **Utilidad**

La usabilidad de un sitio web es la facilidad con la que los usuarios pueden interactuar con su contenido y navegar por él. Cuanto más accesible sea un sitio web, más útil será para el público. En un mundo digital, la gente espera que los sitios web funcionen correctamente. Los usuarios sólo aceptan los sitios web que funcionan. Por esta razón, la usabilidad es un factor bastante importante en la UX.

Consejo Profesional:

¿De qué manera puede asegurarse de que su producto es utilizable? Hay muchas maneras de asegurarse de que su producto es utilizable. Algunas de ellas son hacer que el producto sea fácil de usar, proporcionar instrucciones claras y ofrecer asistencia al cliente.

El Quid de los Componentes Básicos de la UX

Utilidad	Habla de cómo el público de un sitio puede beneficiarse de él
Desirability	Habla de lo que quiere tu público, tanto si quieren tu sitio web como si no.
Accesibilidad	Habla de la necesidad de que la interfaz de usuario del sitio web sea accesible para todo el mundo, porque si la gente no puede utilizarlo, no obtendrá los beneficios.
Credibilidad	Habla de cómo los usuarios deben tener fe en tu interfaz y creer que la información que proporcionas es fiable
Encontrabilidad	Habla de la capacidad del usuario para encontrar rápidamente información en línea
Valor	Habla sobre el objetivo del equipo de productos de garantizar una experiencia valiosa para el cliente
Usabilidad	Habla sobre el contenido del sitio web y la facilidad de navegación

Componentes Clave de la UX

Son muchos los aspectos que conforman el campo de la experiencia del usuario, desde la investigación y la estrategia hasta el diseño y las pruebas. Pero, ¿cuáles son exactamente los componentes clave de la experiencia del usuario? He aquí un breve resumen:

1. **Investigación de Usuarios**

El primer paso en todo buen proceso de UX es entender a los usuarios y sus necesidades. Esto puede hacerse a través de varios métodos de investigación, como entrevistas, encuestas, grupos de discusión y pruebas de usuario.

Un gran ejemplo de investigación de usuarios es el estudio de caso realizado por Dropbox. Dropbox es un servicio de almacenamiento e intercambio de archivos que permite a los usuarios almacenar sus archivos en la nube. La empresa llevó a cabo una investigación de usuarios para entender cómo utilizaban su producto. A partir de los resultados, Dropbox introdujo cambios en el diseño de su sitio web y sus aplicaciones. Estos cambios ayudaron a mejorar la experiencia de los usuarios y a facilitarles la tarea de compartir y almacenar sus archivos.

2. **Estrategia UX**

Una vez que tenga un conocimiento sólido de sus usuarios, debe establecer algunas metas y objetivos para su diseño. Aquí es donde entra en juego la estrategia de UX. Se trata de averiguar qué necesitan y quieren los usuarios de tu producto o servicio y, a continuación, crear un plan para ofrecerlo.

3. Diseño UX

Esta es la parte divertida. Una vez establecida la estrategia, es hora de empezar a diseñar la experiencia real del usuario. Esto incluye todo, desde el wireframing y la creación de prototipos hasta el diseño visual y las pruebas de usabilidad.

4. Pruebas de UX

Por muy bien que creas que has diseñado tu producto, siempre hay margen de mejora. Ahí es donde entran en juego las pruebas de UX. Puedes obtener información sobre lo que funciona bien y lo que hay que cambiar realizando varias pruebas con usuarios reales.

Así que ahí lo tienes. Estos son los cuatro componentes clave de la UX. Por supuesto, hay mucho más que estas cuatro cosas, pero si puedes dominar estos aspectos básicos, estarás en camino de crear grandes experiencias de usuario.

El Quid de los Componentes Clave de la UX

Investigación de Usuarios	Para la investigación, se realizan entrevistas, encuestas, grupos de discusión y pruebas con los usuarios
Estrategia UX	Se trata de averiguar lo que los usuarios necesitan y quieren y luego ofrecerlo
Diseño UX	En este paso se incluyen el wireframing, el prototipo, el diseño gráfico y las pruebas de

	usabilidad
Pruebas de UX	En este paso, al hacer pruebas con usuarios reales, se puede aprender lo que funciona y lo que hay que cambiar

¿Cuáles Son los Elementos de la UI?

Los elementos de una interfaz de usuario suelen clasificarse como pertenecientes a una de estas cuatro categorías:

1. *Controles de Entrada*

Los controles de entrada son los elementos que permiten al usuario interactuar con la interfaz. Pueden incluir botones, iconos y campos de entrada.

Los siguientes son algunos de los controles de entrada:

- Casillas de verificación
- Botones de radio
- Listas desplegables
- Cuadros de lista
- Botones
- Alternancias
- Campos de texto
- Campo de entrada

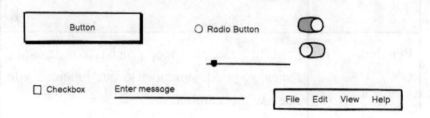

2. *Componentes de Navegación*

Los componentes de navegación de la interfaz de usuario son los elementos que permiten a los usuarios moverse dentro de la interfaz. Esto puede incluir cosas como menús, botones y enlaces. Estos elementos ayudan a los usuarios a orientarse en la interfaz y a acceder a las funciones e información que necesitan.

Breadcrumb navigation

Los Componentes de Navegación de la UI son:

- Navegación superior

- Navegación inferior

- Navegación lateral

- Barra de búsqueda

Navegación Superior - Una barra de navegación en la parte superior de una pantalla.

- Se utiliza en caso de que la pantalla no tenga una barra de desplazamiento.

- La navegación superior suele incluir una barra de búsqueda u opciones de menú para que el usuario las seleccione.

Navegación Inferior - Una barra de navegación en la parte inferior de la pantalla

- Se utiliza en caso de que la pantalla no tenga barra de navegación.

Navegación Lateral - Una barra de navegación en el lateral de la pantalla.

- Esta navegación suele estar disponible sólo en los navegadores web.

3. *Componentes Informativos*

Los componentes informativos de la interfaz de usuario suelen incluir elementos como etiquetas, campos de texto y botones que proporcionan a los usuarios información sobre lo que pueden hacer dentro de la interfaz. Este elemento de la UI es importante para ayudar a los usuarios a entender cómo utilizar la interfaz y navegar por sus distintas funciones. Sin estos componentes informativos, es probable que los usuarios se pierdan y se frustren al intentar utilizar la interfaz.

Hay cuatro componentes informativos principales de la UI:

- Las etiquetas son el texto que aparece en la pantalla para ayudar a los usuarios a entender lo que están viendo o lo que tienen que hacer. Deben ser claras, concisas y fáciles de leer.

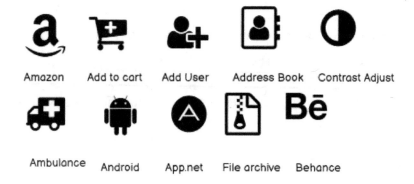

- Los iconos son pequeñas imágenes gráficas que representan algo en la pantalla. Pueden utilizarse para representar una función o para proporcionar pistas visuales que ayuden a los usuarios a navegar.

- Los campos de entrada son el lugar donde los usuarios introducen la información en el sitio web o la aplicación. Deben ser fáciles de encontrar y utilizar y deben proporcionar instrucciones claras sobre el tipo de información que se necesita.

- Los botones son los elementos sobre los que se puede hacer clic y que permiten a los usuarios actuar dentro de la interfaz de usuario. Deben ser fácilmente visibles y estar claramente etiquetados para que los usuarios sepan lo que hacen.

Al diseñar tu interfaz de usuario, es importante tener en cuenta estos cuatro componentes informativos. Si te aseguras de que tu UI está bien diseñada y es informativa, podrás ayudar a los usuarios a navegar fácilmente por tu contenido.

4. Diseño

El diseño se refiere a la disposición de los elementos en una página. La maquetación puede utilizarse para crear un aspecto coherente en todos los diseños.

Controles de entrada	El control de entrada permite a los usuarios cambiar el estado de la interfaz de usuario. Esto puede suponer la actualización de la fuente del texto, la imagen del botón, el contenido del elemento de menú o la introducción de un nuevo elemento de menú.
Componentes de Navegación	Los elementos de navegación de la UI permiten a los usuarios navegar por la interfaz. Los menús, los botones y los enlaces son ejemplos. Estos elementos ayudan a los usuarios a navegar y acceder a funciones e información. • Navegación superior • Navegación inferior • Navegación lateral
Componentes Informativos	Las etiquetas, los campos de texto y los botones proporcionan a los usuarios información sobre la interfaz. Este tipo de elementos de interfaz de usuario ayudan a los usuarios a recorrer la funcionalidad de la interfaz.

Layout	La disposición de los elementos en una página

Trabajo Práctico

Abra algunos sitios web y vea qué sitios web han sido creados haciendo uso de estos componentes y elementos de UI y UX y cuáles no. Observa la diferencia entre un sitio web bien diseñado y uno mal diseñado. Intenta averiguar la razón de esta diferencia. A partir de tus observaciones, haz una lista de lo que hay que hacer y lo que no hay que hacer para un buen diseño de página web. ¿Qué harías diferente si tuvieras que diseñar un sitio web? A continuación, compara los resultados, toma nota de las diferencias y habla con tus colegas sobre cómo podrían mejorarse los sitios con menor rendimiento.

Recuerda: Cuando crees cualquier tipo de experiencia o interfaz de usuario, asegúrate de tener en cuenta los puntos principales de este capítulo.

Capítulo 3

Procesos y Métodos
de Diseño de UI y UX

Esquema de este capítulo:

- ¿Qué es el proceso con el diseño UI?

- ¿Qué es el proceso de diseño de UX?

- Diferentes métodos para llevar a cabo la investigación de la interfaz de usuario

- Las fases clave de la UX

- Métodos para crear UI

- Pensamiento de diseño

Cuando la UX no tiene en cuenta a todos los USUARIOS,
¿no debería conocerse como " ALGUNA experiencia de
usuario o... SUX?"-Billy Gregory

A estas alturas ya sabes mucho sobre UI y UX. Conoces todos los pequeños detalles, pero aun así, estamos lejos de llamarnos

diseñadores de UI. Todavía hay muchas cosas que hay que saber antes de saltar a escribir realmente los códigos de la UI. Como toda creación o invención tiene un punto de partida, lo mismo ocurre con el diseño UI. UX y UI siguen un proceso o patrón de diseño en realidad para poder trabajar. Dado que el **usuario** es el centro de estos dos universos, es necesario hacer una fuerte investigación sobre el usuario de su producto. Para ello, en este capítulo llevaremos las cosas a otro nivel.

¿Qué Procesos Están Involucrados en la Creación de un Diseño de UI?

El proceso de diseño del UI consiste en crear productos que sean fáciles de usar. Esto significa que los diseñadores de UI tienen que entender muy bien cómo interactúan los usuarios con los productos. También deben ser capaces de tener en cuenta las diferentes formas en que los usuarios pueden querer utilizar un producto.

Para crear un buen UI, los diseñadores deben tener un buen conocimiento de la programación. Esto se debe a que tienen que ser capaces de codificar la funcionalidad del producto. Más adelante hablaremos de la programación. Por ahora, vamos a concentrarnos en los fundamentos de la UI/UX.

Ahora, ¿recuerdas cuando dijimos que la UI y la UX consisten en crear algo para un usuario en particular? Esto significa que tendrás que investigar para reunir esta información.

Se pueden utilizar muchos métodos diferentes para llevar a cabo la investigación de UI. Algunos métodos comunes incluyen

- Entrevistas.

- Encuestas.

- Grupos de discusión.

- Pruebas de usuarios.

Los diseñadores de interfaz de usuario deben ser capaces de elegir el método adecuado para cada proyecto. También tienen que interpretar los datos que recogen y utilizarlos para mejorar el producto.

Si buscas una buena herramienta de encuestas en línea para llevar a cabo tu encuesta sobre la investigación de usuarios, puedes probar Survey Monkey (https://www.surveymonkey.com/) y Typeform (typeform.com)

Como he mencionado anteriormente, hay un criterio para empezar todo. Lo mejor sería que tuvieras una hoja de ruta delante de ti para poder pisar con cuidado lo que quieres hacer. Sin una hoja de ruta o marco, o proceso, te perderás. Para ello, los genios de la UX han introducido algunas fases clave para iniciar el proceso de diseño de la UX.

La UX Tiene 3 Fases Clave

1. Descubrimiento:

La fase de descubrimiento consiste en comprender el problema que se intenta resolver. Esto significa que hay que investigar para entender las necesidades de los usuarios. También hay que entender los objetivos empresariales del producto. Esta fase puede dividirse en cuatro subfases:

- **Definición del problema:**

En esta fase, definirá el problema que intenta resolver. Esto significa que tendrá que identificar las necesidades de los usuarios y los objetivos empresariales del producto.

- **Investigación:**

En esta fase, realizará una investigación para comprender las necesidades de los usuarios. Esta investigación puede llevarse a cabo mediante entrevistas, encuestas, grupos de discusión y pruebas con usuarios.

- **Análisis:**

En esta fase, analizará los datos que haya recogido en la fase de investigación. Este análisis le ayudará a comprender las necesidades de los usuarios.

- **Solución:**

En esta fase, definirá la solución al problema que especificó en la fase de definición del problema. Esta solución se basará en las necesidades de los usuarios y en los objetivos empresariales del producto.

2. Diseño:

La fase de diseño consiste en crear una solución que satisfaga las necesidades de los usuarios. Esto significa que hay que diseñar un producto que sea fácil de usar y que cumpla los objetivos empresariales del producto. Esta fase puede dividirse en 4 subfases:

- **Arquitectura de la Información:**

En esta fase, definirá la estructura del producto. Esto incluye la definición de las páginas, la navegación y el contenido.

- **Diseño de Interacción:**

En esta fase, se define cómo van a interactuar los usuarios con el producto. Esto incluye la definición del flujo de usuarios y de la interfaz de usuario.

- **Diseño Visual:**

En esta fase, definirá el aspecto del producto. Esto incluye la elección de los colores, la tipografía y las imágenes.

- **Prototipos:**

En esta fase, creará un prototipo del producto. Este prototipo se utilizará para probar la usabilidad del producto.

3. Desarrollo:

La fase de desarrollo consiste en convertir el diseño en un producto funcional. Esto significa que hay que codificar y probar el producto para asegurarse de que funciona correctamente. Esta fase puede dividirse en 4 subfases:

- **Codificación:**

En esta fase, codificarás el producto. Esto incluye escribir el HTML, CSS y JavaScript.

- **Pruebas:**

En esta fase, probarás el producto para asegurarte de que funciona correctamente. Estas pruebas pueden realizarse mediante pruebas de usuario o pruebas A/B.

- **Despliegue:**

En esta fase, desplegará el producto en un servidor. Esto hará que el producto esté disponible para los usuarios.

- **Mantenimiento:**

En esta fase, mantendrás el producto. Esto incluye la corrección de errores y la adición de nuevas características.

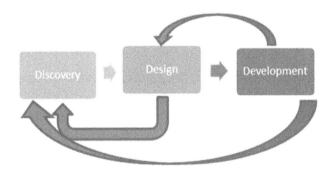

En la vida real, no siempre se pasa sin problemas del paso 1 al 2 y al 3. Hay iteraciones repetitivas en cada paso. Quizá en la cara de diseño, sientas la necesidad de volver a la cara de descubrimiento. Quizás en la fase de desarrollo, necesitarás volver a la cara de diseño si hay algún problema en la codificación.

Los objetivos empresariales y los del producto van de la mano. La experiencia del usuario es la forma en que una persona se siente al utilizar un producto. Esto incluye todo, desde lo fácil que es utilizar el producto hasta lo satisfechos que están con los resultados. Un buen diseño de UX debe tener en cuenta las necesidades de los usuarios y los objetivos empresariales del producto. La creación de un buen diseño de UX implica cuatro fases: descubrimiento, diseño, desarrollo y mantenimiento. Cada fase tiene su propio conjunto de actividades que deben completarse para crear un producto exitoso. También hay que entender los objetivos empresariales del producto.

Un buen diseñador de UI debe tener en cuenta estas etapas. Hay que tener paciencia. Bien, aquí está la parte increíble de este capítulo. La parte que realmente te hará sentir que ¡sí! ¡Estás haciendo algo bueno! Porque ahora, vamos a discutir cómo los diseñadores crean sus primeros diseños - o como los llamamos en el lenguaje de la UI - ¡**Mockups** o prototipos!

Algunos métodos para crear UI son:

1- **Wireframe**: Un wireframe es una maqueta de baja fidelidad de un producto. Esto significa que es un boceto del producto que incluye su diseño y estructura básicos. Los wireframes se utilizan para crear un punto de partida para el proceso de diseño. A continuación, se muestra una imagen de un wireframe de un proceso de registro de una aplicación móvil.

2- **Prototipos:** Un prototipo es un modelo de trabajo de un producto. Esto significa que es una versión del producto que se puede utilizar para probar su usabilidad. Los prototipos se utilizan para recabar opiniones sobre el diseño del producto.

3- **Pruebas con Usuarios:** Las pruebas de usuario son un método para probar un producto con usuarios reales. De esta forma, se obtiene información sobre cómo funciona el producto en el mundo real. Las pruebas de usuario pueden realizarse con prototipos de papel o con prototipos de trabajo.

4- **Pruebas A/B:** El A/B testing es un método que consiste en probar dos versiones diferentes de un producto para ver cuál funciona mejor. Para ello, se crean dos versiones del producto y se prueban con los usuarios. La versión que funciona mejor se utiliza como producto final.

5- **Mantenimiento:** El mantenimiento consiste en mantener el producto actualizado. Esto significa que hay que corregir los errores y añadir nuevas funciones según sea necesario. El mantenimiento también incluye asegurarse de que el producto funciona con nuevos dispositivos y software.

Como puedes ver, hay mucho que hacer para crear un buen diseño de UX. Si quieres crear los mejores diseños de UX, tienes que entender todas las fases del proceso y los métodos utilizados. También hay que conocer bien las necesidades de los usuarios y los objetivos empresariales del producto. Si eres nuevo en el diseño de UX, puede ser útil tomar un curso o leer un libro sobre el tema. Hay muchos recursos excelentes que le enseñarán todo lo que necesita saber sobre el diseño UX. Una vez que tengas una sólida comprensión de los fundamentos, puedes empezar a crear tus propios diseños.

Woohoo, no era tan difícil, ¿verdad? ¡Y mírate, con tus conocimientos de wireframes y prototipos y cosas que no sabías hace un mes! Casi todos los campos de la vida y todas las actividades se crean o comienzan con una idea con un pensamiento. Todo tiene un proceso. Un domingo por la mañana, aunque pensabas levantarte tarde, te acordaste de que tenías que ir a por huevos y pan al supermercado antes de que se despertaran tu mujer y tus hijos. Porque si llegas tarde, tardarás 20 minutos en conseguir estas cosas, para lo cual los niños estarán llorando y la mujer se enfadará. Entonces, ¿qué haces?

Coges el coche, vas al supermercado más cercano y compras esos huevos. Pero no te apetece hacer todo esto. Al fin y al cabo, ¡es domingo! Así que le das las llaves del coche a tu ayudante y le pides que te traiga los huevos y el pan. ¿Lo ves? Esto era el pensamiento de diseño en la vida cotidiana. ¡Has entendido las necesidades de los usuarios, has visto el problema y has ideado una solución!

¿Qué es el Design Thinking en UI/UX?

El Design Thinking es un método de resolución de problemas utilizado para crear soluciones innovadoras. Este método se suele utilizar en los campos del diseño y la ingeniería. Sin embargo, también puede utilizarse en otros campos, como la empresa y la educación. El design thinking consiste en comprender las necesidades del usuario y crear una solución que las satisfaga.

El proceso de design thinking incluye cuatro pasos principales: empatizar, definir, idear y crear un prototipo. Estos pasos están diseñados para ayudarle a entender el problema, desarrollar soluciones creativas y probar esas soluciones. Si quieres aprender más sobre el design thinking, hay muchos recursos disponibles. Puede encontrar libros, artículos y cursos sobre el tema. También puede asistir a talleres o conferencias donde puede aprender

Hay 5 claves del pensamiento de diseño, y puedes aplicarlas a tu vida diaria como el ejemplo que he puesto arriba:

1. **Empatizar con el Usuario:** Para diseñar una solución, hay que entender el problema. Esto significa que tienes que ponerte en el lugar del usuario y entender sus necesidades.

2. **Definir el problema:** Una vez que entiendas el problema, tienes que definirlo. Esto te ayudará a conseguir un objetivo claro para tu diseño.

3. **Idear:** Esta es la fase en la que se proponen soluciones creativas al problema. Esto se hace mediante una lluvia de ideas o utilizando otros métodos creativos.

4. **Prototipo:** Un prototipo es un modelo funcional de tu solución. Esto te ayuda a probar tu idea y ver si funciona en el mundo real.

5. **Prueba:** Una vez que tengas un prototipo, tienes que probarlo con los usuarios. Esto te dará información sobre tu diseño y te ayudará a mejorarlo. El pensamiento de diseño es una poderosa herramienta que puede ayudarte a resolver problemas en tu vida cotidiana. Utilizando los cinco pasos del pensamiento de diseño, puedes encontrar soluciones innovadoras a cualquier problema.

Un proceso no lineal:

Al igual que las fases de UX, el pensamiento de diseño no sigue un patrón lineal o recto. En la vida real, muchos equipos diferentes trabajan en el desarrollo de productos. Constantemente vuelven a las fases anteriores cada vez que encuentran una nueva perspectiva sobre el producto. Cada equipo del departamento de diseño trabaja simultáneamente con los demás.

Trabajo Práctico:

¡Prepárate porque vas a dar tu primer paso para convertirte en un diseñador UX/UI y crear tu primera maqueta!

A estas alturas, ya sabes qué son los elementos de UI y qué componentes o puntos debes tener en cuenta para que la UX fluya sin problemas. Para este ejercicio, ¡crearemos la página de inicio de un sitio web! Llevaremos este ejercicio a la segunda fase del libro, donde veremos realmente la codificación de la UI/UX a través de CSS y HTML.

Pero antes de esa codificación, ¡tenemos un buen viaje que cubrir! En esta fase, ni siquiera necesitas una herramienta. Sólo tienes que coger un papel y un lápiz y empezar a diseñar el aspecto de la página de inicio. Puedes ayudarte de los elementos de interfaz de usuario que hemos enumerado en el capítulo 2 o puedes buscar los tuyos propios.

¿Por qué dibujar con papel y lápiz? Te sorprenderá saber que muchos diseñadores de primera línea utilizan el prototipo en papel como primer paso para crear un diseño. Sólo necesitas un lápiz y un poco de papel para empezar. Haremos un wireframe de un sitio web y demostraremos cómo permite un proceso creativo rápido y adaptable. Hacer esto producirá datos continuos que puedes utilizar tanto para ti como para un cliente. Además, puedes utilizar esto para racionalizar tu estrategia antes de dedicar tiempo a programarla realmente.

Ahora bien, como usuario, cada vez que abres un sitio web, te encuentras primero con una página de inicio, ¿verdad? Es la página principal. Tiene el contenido principal. La página básicamente te dice a primera vista de qué trata el sitio.

Tiene una barra lateral para ayudarte a navegar o puede tener una barra de navegación. Puede tener un campo de búsqueda, la imagen principal de la cabecera que se desliza y algunas otras características.

Esta es mi opinión sobre una simple página web de comercio electrónico

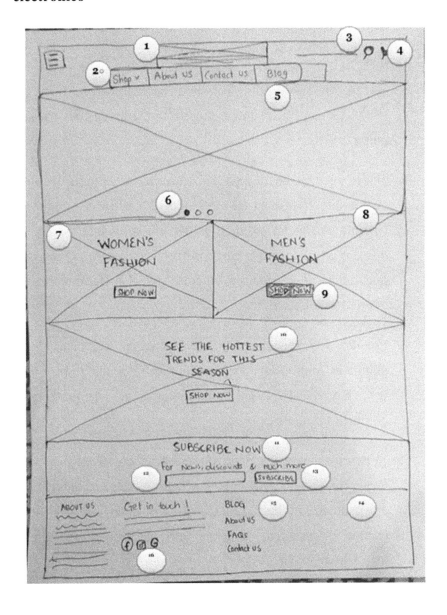

Aquí he hecho un pequeño **logotipo.** Es imprescindible pero no necesario mencionar el logo de tu empresa o marca.

1. Ahora, esta barra se llama **"Barra de navegación",** como ya sabes. Puede hacer clic en cualquiera de los botones para navegar a las páginas que desee. Muchas páginas de inicio tienen estas barras de navegación.

2. **Barra de búsqueda:** También encontrarás la barra de búsqueda en la esquina superior izquierda de muchas páginas web.

3. Como se trata de una página de inicio de productos o de eCommerce, también he mostrado un carrito de productos. Cuando añadas un producto al carrito, verás que aparece un número en el carrito que te mostrará el número de artículos que tienes en él. Confía en nosotros; esto también es un buen diseño UX.

4. Imagen de cabecera: Esta es la imagen principal de la página de inicio. Básicamente demuestra de qué trata el sitio web. En nuestro caso, mostraría artículos de moda para hombres o mujeres.

5. ¿Ves esos pequeños puntos? Muestran que esta imagen es una imagen deslizante. Muchos desarrolladores y diseñadores utilizan deslizadores de imágenes. El punto oscuro o resaltado muestra que se está mostrando la diapositiva actual.

6. Ahora he añadido un bloque separado que muestra la moda femenina ya que se ve esta entidad en la mayoría de las páginas de eCommerce.

7. Del mismo modo, tengo una imagen separada que muestra la moda de los hombres también.

8. Ambas imágenes separadas tienen sus propios botones que llevarán al usuario a estas categorías separadas de moda.

9. De nuevo tengo otra imagen/entidad que muestra las últimas tendencias de la temporada. Esto le llevará a los artículos más populares de este sitio. Estos artículos están ordenados por separado porque son los más comprados.

10. Tenemos una sección de suscripción, que creo que es importante si eres un cliente que busca actualizaciones periódicas.

11. Tenemos un campo de entrada donde escribirás tu dirección de correo electrónico

12. Botón de suscripción.

13. Esta sección se llama pie de página. Muchas páginas de inicio o de aterrizaje tienen esta sección.

14. Tenemos enlaces que te llevan a cualquier página a la que quieras ir desde la página de inicio actual.

15. Algunos enlaces de medios sociales de la marca.

Capítulo 4

Arquitectura
de la Información

Esquema de este capítulo:

- Contenido en UI/UX

- Tipo de contenido

- Arquitectura de la información en UX/UI

- Técnicas comunes de arquitectura de la información

- Mapa del sitio

- Tarea práctica

El diseño en ausencia de contenido no es diseño, es decoración.-Jeffrey Zeldman

Sí, lo estamos consiguiendo. Estoy seguro de que en este punto. Sientes que lo sabes todo sobre UI y UX. Yo me sentiría igual después de pasar por tanto conocimiento. Y kudos, ¡también has empezado a trabajar en hacer tus primeros wireframes! Bueno, la buena noticia es que también tenemos más actividades divertidas en este capítulo. Así que sigue leyendo. Y esto se pone cada vez mejor.

Bien, ahora que conoces todas las palabras gordas y el quién es quién de UI y UX, vamos a discutir las grandes cosas técnicas ahora. Vamos a hablar de lo que la UX y la UI son en realidad, y cómo empezar a trabajar en la UI y la UX.

El contenido no se menciona mucho cuando se habla de UI o UX. Sin embargo, es tan importante como el diseño. Al igual que la cita anterior, el contenido lo es todo. Hoy en día, muchas empresas emplean a redactores de contenido para desarrollar su contenido y proporcionar a los visitantes y clientes un mayor valor. Nuestro propósito se puede comunicar a través del contenido. Desde el punto de vista del contenido y de la UX, es crucial tener una estrategia para unir los objetivos del cliente y de la organización. Ofrece un conocimiento claro de lo que debemos hacer (el tipo de material que conecta con las personas y satisface sus necesidades) y de cómo podemos hacerlo.

Gestión de Contenidos en UX/UI

La experiencia del usuario no sólo tiene que ver con el diseño de tu sitio web o aplicación. También tiene que ver con el contenido de tu sitio. El contenido es la información que se muestra en tu sitio. Esto incluye texto, imágenes, vídeos y cualquier otra cosa que los usuarios puedan ver. El contenido debe estar bien escrito y ser preciso. También debe ser relevante para el usuario. El contenido debe ser fácil de leer y entender. También debe ser fácil de encontrar. La forma en que el contenido está organizado en tu sitio puede tener un gran impacto en la experiencia del usuario. Por eso es importante conocer bien el contenido.

Hay muchos tipos diferentes de contenido, cada uno con su propósito. Estos son algunos de los tipos de contenido más comunes:

- **Texto:** El texto es el tipo de contenido más común. Se utiliza para proporcionar información a los usuarios.

- **Imágenes:** Las imágenes se utilizan para añadir interés visual a tu sitio. También pueden utilizarse para proporcionar información a los usuarios.

- **Vídeos:** Los vídeos son una gran manera de añadir interés a tu sitio. También pueden utilizarse para proporcionar información a los usuarios.

- **Audio:** El audio puede utilizarse para añadir interés a tu sitio. También puede utilizarse para proporcionar información a los usuarios.

- **Animaciones:** Las animaciones pueden utilizarse para añadir interés a tu sitio. También pueden utilizarse para proporcionar información a los usuarios.

El contenido debe estar bien escrito y ser preciso. También debe ser relevante para el usuario. El contenido debe ser fácil de leer y comprender. También debe ser fácil de encontrar. La forma en que el contenido está organizado en tu sitio puede tener un gran impacto en la experiencia del usuario. Por eso es importante entender bien el contenido.

Es imprescindible anotar aquí algunos términos de contenido porque los voy a lanzar mucho a la mezcla.

1. **Contenido Primario:** En pocas palabras, este contenido debe estar en la parte delantera de su sitio web y tener la mayor visibilidad. Este contenido es el más importante para el usuario. Un ejemplo de contenido primario es un titular. Como estamos tratando con el universo UI/UX, el contenido que se ve en la página principal de inicio sin desplazamiento es el contenido primario.

2. **Contenido Secundario:** el contenido secundario es menos importante para el usuario y no necesita mostrarse en la parte superior de la página de inicio. La mayoría de los redactores de contenidos escriben el contenido secundario por debajo del pliegue (visible tras el desplazamiento).

3. **Contenido Terciario:** Es el menos importante para el usuario, que suele buscarlo activamente. Un ejemplo de contenido terciario es un b

Pues bien, ya está. Ya conoces los términos y datos esenciales sobre la gestión de contenidos.

¿Te has preguntado alguna vez por qué algunos sitios web son simplemente aburridos? ¿Por qué tienen menos tráfico web? La respuesta es sencilla. Es por su contenido. Algunos problemas comunes con el contenido son:

- No está bien redactado, lo que dificulta su comprensión por parte de los usuarios.

- No es relevante: Esto puede dificultar que los usuarios encuentren la información que buscan.

- No es fácil de encontrar: Esto puede dificultar que los usuarios encuentren la información que buscan.

- No es precisa: Puede dar lugar a información errónea.

- No está actualizada: puede dificultar que los usuarios encuentren la información que buscan.

Según una encuesta del Content Marketing Institute, casi el 60 % de los profesionales del marketing B2B afirmaron que tienen previsto producir más contenidos en 2017 que en 2016. La presión es crear contenido de calidad que atraiga la atención y convierta a los clientes. Pero con tanta información en línea, ¿cómo puedes asegurarte de que tu contenido destaque? Una forma de garantizar que su contenido sea fácil de encontrar y utilizar es centrarse en la arquitectura de la información.

Ahora que sabes que un sitio web no es sólo botones y paneles y navegación, el contenido es también una parte importante, si no la más importante. A la hora de escribir el contenido, hay que seguir una estructura. No se puede poner contenido aquí y allá al azar.

Tiene que estar bien organizado y debe colocarse en el lugar pertinente para su uso, y debe ser fácilmente accesible para el usuario. Esto se llama arquitectura de la información y es un componente importante del diseño de plataformas. Aprendamos un poco más sobre la arquitectura de la información.

Arquitectura de la Información en UX/UI

Cuando se trata de crear una gran experiencia de usuario, la arquitectura de la información es uno de los aspectos más importantes. La arquitectura de la información es el proceso de organizar y etiquetar el contenido de su sitio web o aplicación. Es importante porque ayuda a los usuarios a encontrar la información que buscan. Hay muchas formas diferentes de organizar la información. Un ejemplo de arquitectura de la información puede verse en la forma en que se estructura un sitio web. La página de inicio suele contener enlaces a las páginas más importantes del sitio. A partir de ahí, los usuarios pueden navegar a otras páginas haciendo clic en los enlaces. La estructura del sitio web facilita que los usuarios encuentren el contenido que necesitan.

¿Cuáles son Algunas de las Técnicas de Arquitectura de la Información más comunes?

El método más habitual es utilizar una **estructura jerárquica**. Esto significa que la información más importante está en la parte superior de la jerarquía, y los datos menos críticos están más abajo.

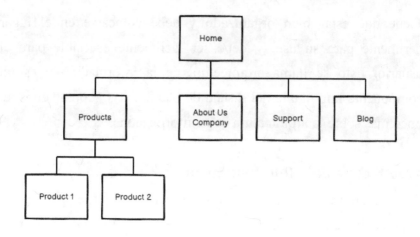

Otro método estándar es utilizar una **clasificación por tarjetas**. En este caso, se crean tarjetas con diferentes datos. El usuario clasifica las tarjetas en diferentes categorías. Esto puede ayudarte a entender cómo piensan los usuarios sobre la información de tu sitio.

¿Cómo Puede Usarse la Arquitectura de la Información para Mejorar la Experiencia del Usuario?

La arquitectura de la información puede utilizarse para mejorar la experiencia del usuario, facilitándole la búsqueda y el uso del contenido que necesita. Una buena arquitectura de la información hace que los productos sean más agradables de usar y ayuda a los usuarios a alcanzar sus objetivos. Un ejemplo de cómo la arquitectura de la información puede utilizarse para mejorar la experiencia del usuario es la creación de un sistema de navegación claro y fácil de usar.

Mapa del Sitio:

Piense que el mapa del sitio no es más que un mapa de la ciudad. Al igual que un mapa, un mapa del sitio muestra diferentes caminos, estructuras y mapas de todo el sitio web o aplicación.

Puede ayudarte a entender cómo fluyen los usuarios por tu sitio y qué páginas son las más importantes. Crear un mapa del sitio es uno de los primeros pasos de la arquitectura de la información. Te permite ver tu sitio web como un todo e identificar las áreas que pueden necesitar mejoras. Una vez que haya creado un mapa del sitio, puede utilizarlo para crear un sistema de navegación del sitio web. Un sistema de navegación bien diseñado ayudará a los usuarios a encontrar el contenido que necesitan sin dificultad. Además, un buen sistema de navegación será coherente en todas las páginas del sitio web, lo que permitirá a los usuarios saber en qué parte del sitio se encuentran.

Un mapa del sitio suele contener una lista de todas las páginas del sitio y su jerarquía. Esta herramienta puede ayudar a determinar la estructura del sitio web y cómo deben enlazarse las páginas.

¿Recuerda la clasificación por tarjetas? Es una tremenda herramienta de mapeo del sitio. ¿Por qué? Bueno, veamos. Si necesitas ordenar y organizar las páginas de tu sitio web, puedes clasificar u organizar rápidamente estas páginas en grupos. Puede proporcionar a tu equipo de diseño tarjetas de diferentes páginas y decirles que las clasifiquen en grupos relevantes. No te preocupes si no entiendes estas cosas ahora; tenemos una actividad al final.

Es fundamental tener en cuenta la experiencia del usuario al diseñar un sitio web. La arquitectura de la información es una forma de hacerlo, facilitando a los usuarios la búsqueda y el uso del contenido que necesitan. Siguiendo algunos principios comunes de la arquitectura de la información y utilizando herramientas como los mapas de sitio, la clasificación por tarjetas y las pruebas de árbol, se puede crear un sitio web bien estructurado que mejorará la experiencia del usuario.

Si buscas un ejemplo de un buen mapa del sitio, no busques más que la página de inicio de Smashing Magazine. Este popular blog de diseño web utiliza un mapa del sitio sencillo pero eficaz para ayudar a los usuarios a encontrar el contenido que necesitan. El mapa del sitio está claramente etiquetado y es fácil de navegar. Además, el mapa del sitio es consistente en todas las páginas del sitio, lo que ayuda a los usuarios a saber en qué parte del producto se encuentran en todo momento. El mapa del sitio de Smashing Magazine es un excelente ejemplo de cómo se puede utilizar la arquitectura de la información para mejorar la experiencia del usuario

Trabajo Práctico

Tenemos un emocionante trabajo práctico para ti. Seguro que no puedes evitar lanzarte a hacer tu primer diseño UI/UX. Y ya que conoces bastantes datos e información sobre la construcción del diseño UX, vamos a subir el nivel de nuestro juego de diseño UX. En este ejercicio, vamos a construir un mapa del sitio. Para ello, necesito que veas algunos sitios web, veas sus páginas y contenido y hagas una lista de las páginas principales, categorías y subcategorías. Para este ejercicio, continuaremos la actividad del capítulo anterior, donde hicimos un sitio web de eCommerce. Poniendo ese prototipo en perspectiva, aquí hay un mapa del sitio que construí.

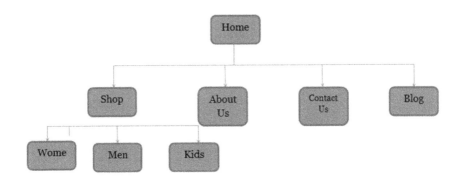

El primer nivel es el **contenido primario** del sitio web de comercio electrónico. He ilustrado las páginas del nivel 1 o de contenido primario: tienda, sobre nosotros, contacto y blog. También se ha mostrado el nivel 2 o contenido secundario, pero no en detalle. La página de la tienda da acceso a las páginas de mujer, hombre y niños. A medida que tu mapa del sitio progrese, añadirás más edades y desarrollarás más vías de acceso. Probablemente cambiarás los nombres o añadirás o eliminarás algunas páginas. Pero, para empezar, así es como se crea un mapa del sitio.

Este mapa del sitio es un ejemplo clásico de cómo los diseñadores hacen un sitio web de Ecommerce. Ahora vamos a explicar cada página:

1. **Tienda:** Es natural tener una página de tienda o marcador de posición en la página principal de cualquier sitio web de eCommerce. Se ve inmediatamente en la barra de navegación superior. Este es el contenido principal y lo más probable es que esté en todas las páginas. Lo más probable es que en esta vía aparezcan categorías como moda femenina, masculina e infantil, así como las piezas de mayor tendencia.

2. **Sobre Nosotros:** Como todo negocio y sitio web, esta tienda de eCommerce también tiene una página sobre nosotros donde los usuarios y visitantes pueden encontrar información sobre la marca.

3. **Contacta con Nosotros:** Si el visitante o usuario quiere encontrar cualquier información relacionada con la marca, puede ir a esta página. Lo más probable es que aquí encuentren el número de contacto de la empresa y los enlaces a los medios de comunicación.

4. **Blog:** Un blog puede añadir valor a este negocio, ya que puede ayudar a los visitantes a destacar el contenido en torno al mundo de la moda. Los blogs son una excelente manera de decidir sobre el comportamiento de compra.

Así que este es tu contenido principal. Estás en camino de crear una arquitectura de la información. Puedes seguir añadiendo páginas a este nivel 1 y hacer caminos hacia otras páginas del sitio web.

He hecho una vía que se extiende a través de la categoría de la tienda.

Creación de Nuevas Vías:

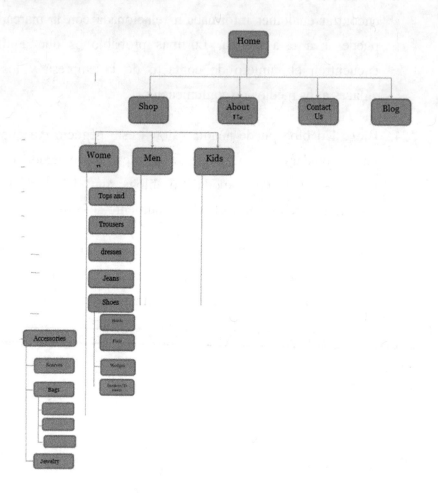

1. **Nivel 2:** Al hacer clic en la página de la tienda o al ir a la página de la tienda, te encuentras con diferentes categorías. Como puede comprar moda femenina, moda masculina o moda infantil, hemos creado estas tres categorías. Este es el nivel 2 del mapa del sitio. Como puede ver, se abren nuevas vías de navegación desde la página de inicio.

2. **Nivel 3:** El nivel 3 se compone además de más artículos relacionados con la moda femenina. Estas subcategorías incluyen tops y blusas, pantalones, vaqueros, pantalones y vestidos. Un buen diseñador añadirá artículos adicionales a estas categorías. Por ejemplo, puede crear tres subcategorías o páginas de productos de la página de vestidos. Al fin y al cabo, hay muchos tipos diferentes de vestidos.

Así que, en pocas palabras, este es el plan para crear un mapa del sitio. Es una actividad divertida pero agotadora y complicada. Así que tu tarea es añadir más subcategorías y páginas de productos al resto de los marcadores de posición. ¿Necesitas ayuda? En cuanto a la página "Acerca de nosotros", piensa en qué información adicional puede añadir la empresa. No tiene por qué ser una página independiente. También puede añadir contenido secundario o terciario. Creo que "¿Qué hacemos?" y "¿Quiénes somos?" son dos informaciones esenciales que una empresa debería mostrar en su página "Acerca de nosotros". ¿Por qué no creas estos niveles y añades esta información relevante al mapa del sitio anterior?

Capítulo 5

Diseño Visual

Esquema de este capítulo:

- ¿Qué es el diseño visual?

- Principios del diseño visual.

- Diseño gráfico VS Diseño visual

- Componentes básicos del diseño visual:

- Guía de estilo

- Componentes básicos de una guía de estilo

Este capítulo va a ser muy interesante. Por un lado, es el que más te va a interesar de todos los capítulos porque lo visual es lo que ves cuando usas una app o visitas una web. Es el aspecto más atractivo de la UI/UX. Y, francamente, es probablemente, para muchos diseñadores, la parte más emocionante. Crear visuales es realmente una actividad divertida. Así que en este capítulo hablaremos del diseño visual en UX.

¿Qué Es el Diseño Visual en UX?

El diseño visual en UX consiste en crear interfaces de usuario que sean *eficaces* y *atractivas* para los usuarios. Implica un profundo conocimiento de cómo los usuarios interactúan con los productos digitales y el uso de ese conocimiento para crear diseños que satisfagan sus necesidades. Aunque a menudo se utiliza indistintamente con el diseño de la experiencia del usuario (UX), el diseño visual es un campo más específico que se centra en el aspecto de un producto. Los diseñadores visuales se encargan de crear la estética general de un producto y de garantizar que sea visualmente atractivo y fácil de usar.

Un buen diseño visual hace que los productos sean más *fáciles de usar* y más *agradables* de interactuar. También puede ayudar a comunicar la identidad de tu marca y hacer que la información compleja sea más digerible.

El diseño visual tiene muchos aspectos diferentes, pero algunos de los elementos más importantes son la tipografía, el color, la iconografía y el diseño. Cuando se utilizan con eficacia, estos elementos pueden unirse para crear interfaces bonitas, intuitivas y fáciles de usar.

Te recomendamos que consultes algunos cursos online si estás interesado en seguir una carrera de diseño visual o simplemente tienes curiosidad por saber más sobre lo que implica. Abarcan desde los principios básicos del diseño hasta temas más avanzados como el trabajo con sistemas de cuadrícula y la animación.

La gente tiende a pensar que el diseño visual consiste en hacer que las cosas "parezcan bonitas". Pero es mucho más que eso. Es posible que hayas oído hablar del efecto **estética-utilidad,** y es una teoría que sugiere que la gente percibe los diseños más atractivos como más fáciles de usar. Esto significa que, si quieres que tu producto se perciba como fácil de usar, tienes que asegurarte de que tiene un gran diseño visual. Por ejemplo, Apple es conocida por sus productos bonitos y sus interfaces fáciles de usar. Esto no es una coincidencia: sus opciones de diseño visual hacen que sus productos sean más agradables y fáciles de usar, lo que a su vez hace que la gente sea más propensa a seguir usándolos.

Aunque el efecto estética-usabilidad es un fenómeno real, es importante recordar que el diseño visual es algo más que hacer que las cosas se vean bien. Un diseño visual eficaz también debe tener en cuenta las necesidades del usuario y el objetivo general del producto. Un producto bonito pero difícil de usar no tendrá éxito, por muy bonito que parezca.

Aunque los *wireframes y prototipos* creados por los diseñadores de UX constituyen la base del diseño visual de un producto, los diseños visuales dan el significado real a un producto o servicio. A los ojos del usuario, el diseño visual es lo que hace que un producto sea bonito, fácil de usar y, en definitiva, exitoso.

En pocas palabras, el diseño visual es lo que hace que un producto se vea bien a los ojos de sus usuarios objetivo. En efecto, se trata de una experiencia de usuario creada únicamente para los ojos de sus usuarios objetivo. Los wireframes, los prototipos, los diseños, los mapas del sitio, etc., son sólo un aspecto del universo UX. El diseño visual da vida a estos aspectos.

Entonces, ¿cómo empezar con el diseño visual? En primer lugar, hay que entender los principios básicos del diseño. El diseño visual consiste en crear diseños que sean visualmente atractivos y fáciles de usar. Para ello, los diseñadores deben tener en cuenta las necesidades del usuario y el objetivo general del producto al crear sus diseños. Además, los diseñadores visuales deben prestar atención a los detalles para crear diseños bonitos y fáciles de usar.

Hay varios principios básicos de diseño que todos los diseñadores visuales deben tener en cuenta:

- **Equilibrio:** El equilibrio es la distribución del peso visual dentro de un diseño. Hay tres tipos de equilibrio: simétrico, asimétrico y radial.

- **Contraste:** El contraste es la diferencia entre dos colores o dos elementos. Un buen contraste hace que los elementos sean más fáciles de ver y entender (lo entenderás mucho mejor cuando veas nuestra página web que se muestra al final de este capítulo)

Copyright © Author

Jerarquía: La jerarquía es la ordenación de los elementos de un diseño desde el más importante al menos importante. Una buena jerarquía facilita a los usuarios la comprensión del propósito de un diseño.

Diseño Gráfico vs. Diseño Visual

El diseño gráfico y el diseño visual se confunden a menudo porque ambos se ocupan del aspecto visual de un producto o servicio. Sin embargo, hay una gran diferencia entre ambas disciplinas. El diseño gráfico consiste en crear elementos visuales que comuniquen un mensaje, mientras que el diseño visual se ocupa de elementos visuales atractivos y fáciles de usar. Ambos requieren un profundo conocimiento de cómo los usuarios interactúan con los productos digitales. Sin embargo, los diseñadores visuales también deben tener en cuenta el objetivo general del producto al crear sus diseños.

Un buen ejemplo de ello es la diferencia entre la página de inicio de un sitio web y su página de producto. La página de inicio de un sitio web debe ser visualmente atractiva para atraer a los usuarios, pero su página de producto debe ser fácil de usar para convertir a los usuarios.

En los primeros tiempos de Internet, existía un sitio web llamado Geocities. Fue una de las primeras empresas de alojamiento web, que permitía a los usuarios crear sus propios sitios web. El problema de Geocities era que permitía a los usuarios crear cualquier sitio web que quisieran sin tener en cuenta los principios de diseño.

Como resultado, muchos de los sitios web creados en Geocities eran caóticos, desordenados y difíciles de usar. En 2009, Yahoo! compró Geocities y decidió rediseñar el sitio web desde cero. Contrataron a una empresa de diseño visual, SY Partners, para que les ayudara en el rediseño.

Los diseñadores de SY Partners sabían que para crear un rediseño exitoso, debían centrarse en crear una interfaz fácil de usar. También querían asegurarse de que el sitio web fuera visualmente atractivo, por lo que utilizaron una variedad de colores e imágenes para crear un diseño divertido y atractivo. El rediseño fue un éxito, y Geocities es ahora una de las empresas de alojamiento web más populares del mundo.

En 2012, se celebraron los Juegos Olímpicos en Londres. Los organizadores de los juegos querían crear una identidad visual que se utilizara en toda la señalización y la marca del evento. Contrataron a una empresa de diseño gráfico, Wolff Olins, para crear la identidad visual. Wolff Olins sabía que tenía que crear una identidad que fuera única y reconocible. También querían que fuera lo suficientemente sencilla como para poder utilizarla en distintos materiales. Tras muchos experimentos, se decantaron por un diseño inspirado en la bandera Union Jack. La identidad visual resultante fue un gran éxito y contribuyó a que los Juegos Olímpicos de 2012 fueran uno de los acontecimientos más memorables y exitosos de la historia.

Así que, ¡ahí lo tienes! Estos son sólo algunos ejemplos de la diferencia entre el diseño gráfico y el diseño visual. Como puedes ver, ambas disciplinas son importantes, pero tienen propósitos diferentes. Si alguna vez no estás seguro de cuál necesitas, recuerda que el diseño gráfico tiene que ver con la comunicación y el diseño visual con el atractivo.

¿Cuáles Son los Componentes Básicos del Diseño Visual?

Los componentes básicos del diseño visual son los siguientes:

Disposición:

Se trata de la estructura general del diseño y de cómo están dispuestos todos los elementos. Es importante crear un diseño visualmente atractivo y fácil de entender. Atrás quedaron los días en los que los diseñadores se centraban estrictamente en el enfoque del "pulgar de la regla", y nos adherimos a hacer wireframes, prototipos y maquetas. Aunque estos siguen siendo componentes importantes de la interfaz de usuario, el diseño visual ocupa un lugar importante con estos componentes principales. Los diseñadores deben prestar especial atención al tipo de diseño que necesita un sitio web concreto. Cada sitio web, móvil o tableta tiene su propia resolución de pantalla, por lo que los diseñadores deben tener en cuenta también este aspecto, que sus diseños visuales deben ser coherentes y atractivos para los usuarios de todas las pantallas. La resolución o el tamaño de la pantalla es un aspecto importante del diseño web responsivo. La resolución de la pantalla depende del dispositivo de visualización y se puede medir en píxeles. Por lo tanto, al diseñar una aplicación o un sitio web, es importante tener en cuenta cómo cambiará el diseño en función de la resolución de la pantalla.

Color:

El color es uno de los aspectos más importantes del diseño visual. Puede utilizarse para transmitir emociones, establecer el tono de una pieza y atraer la atención. Al elegir los colores para un diseño, es importante tener en cuenta el significado de cada color. Por ejemplo, el rojo suele asociarse con la energía y la pasión, mientras que el azul se asocia con la confianza y la estabilidad. El uso adecuado del color puede marcar una gran diferencia en el aspecto general de un diseño.

Un ejemplo de ello es el uso de colores oscuros frente a los claros. Los colores oscuros tienden a ser más formales y serios, mientras que los colores claros son más amables y accesibles.

En 2015, Google actualizó su logotipo con un diseño más colorido y simplificado. El nuevo logotipo presenta un tipo de letra sans-serif y un conjunto de cuatro colores que pueden utilizarse en cualquier combinación. El motivo principal del cambio fue crear un logotipo más moderno y flexible que pudiera utilizarse en diferentes dispositivos y plataformas. Si ve algún sitio web, libro, envase, etc., que tenga varios colores, es que ha utilizado la combinación de colores, que es un aspecto importante del diseño visual. Consejo: Intenta utilizar 2-3 colores en tu diseño, ya que demasiados colores pueden resultar abrumadores.

Además, asegúrate de utilizar colores que se complementen entre sí.

Tipografía:

La tipografía es el arte y la técnica de organizar los tipos de letra para que el lenguaje escrito sea legible y atractivo. La disposición de los tipos de letra implica la selección de los tipos de letra, el tamaño de los puntos, la longitud de las líneas, el interlineado (espacio entre líneas), el espaciado entre letras (tracking) y el kerning (emparejamiento de letras). Una buena tipografía puede influir mucho en el aspecto general de un diseño. Las fuentes demasiado pequeñas o con poco contraste pueden ser difíciles de leer, mientras que las fuentes demasiado grandes pueden resultar abrumadoras. Los mejores diseños utilizan una combinación de fuentes diferentes para crear interés visual y jerarquía. Por ejemplo, un sitio puede utilizar un tipo de letra sans-serif para el cuerpo del texto y un tipo de letra serif para los títulos.

Airbnb es un popular sitio de viajes que utiliza una combinación de fuentes sans-serif y serif para crear interés visual y contraste. La fuente sans-serif se utiliza para el cuerpo del texto, mientras que la fuente serif se reserva para los títulos y subtítulos. Esto hace que el sitio sea fácil de leer y navegar.

Consejo: Utilice la tipografía para crear jerarquía y contraste en su diseño. Esto ayuda a que la información sea fácil de leer y comprender. Por ejemplo, puedes

utilizar un tipo de letra grande y en negrita para los títulos
y un tipo de letra más pequeño y normal para el cuerpo
del texto.

Imágenes:

Las imágenes son otro aspecto importante del diseño visual. Pueden utilizarse para añadir profundidad e interés a un diseño y comunicar un mensaje. A la hora de elegir las imágenes para un diseño, es importante tener en cuenta el ambiente y el tono que se quiere establecer. Una imagen vale más que mil palabras, así que asegúrate de elegir bien. Las imágenes mal elegidas pueden hacer que un diseño parezca poco profesional y amateur. Al elegir una imagen para tu sitio web o aplicación, asegúrate de tener en cuenta lo siguiente:

- **El tamaño de los archivos:** Las imágenes grandes pueden tardar en cargarse, lo que puede frustrar a los usuarios.

- **Resolución:** Las imágenes deben ser de alta resolución para que se vean nítidas en todos los dispositivos.

- **Derechos de autor:** Asegúrate de que tienes el derecho de usar cualquier imagen que incluyas en tu diseño.

Slack. La popular aplicación de mensajería en el lugar de trabajo utiliza mucho las imágenes en su diseño. Las imágenes se utilizan para añadir personalidad y estilo, así como para comunicar mensajes. Por ejemplo, la imagen de un gato en la pantalla de inicio de sesión se utiliza para comunicar que Slack es una aplicación divertida y amigable. La imagen de un ordenador portátil en la pantalla de inicio se utiliza para comunicar que Slack puede utilizarse en cualquier dispositivo. Esto ayuda a crear un diseño visual que es a la vez atractivo y fácil de usar.

Estilo de los Botones:

Los botones son un elemento importante de la interactividad. Pueden utilizarse para desencadenar acciones, como el envío de un formulario o la apertura de un menú. Al diseñar los botones, es importante tener en cuenta el tamaño, la forma y el color. El uso de un estilo de botón particular también puede ayudar a mejorar la usabilidad del campo. Por ejemplo, utilizar un estilo de botón que sea fácil de pulsar en los dispositivos móviles puede facilitar a los usuarios la introducción de datos. El estilo de los botones también ayuda a crear un aspecto determinado para el diseño. Por ejemplo, un estilo de botón moderno y elegante puede transmitir un aspecto más sofisticado, mientras que un estilo de botón lúdico y divertido puede transmitir un aspecto más juvenil. Optar por un color de botón concreto también puede ayudar a crear un aspecto determinado. Un color brillante puede transmitir un aspecto más enérgico, mientras que un color oscuro puede transmitir un aspecto más serio.

Iconografía:

La iconografía es el uso de iconos en un diseño. Los iconos son símbolos gráficos sencillos que pueden utilizarse para representar diferentes conceptos o ideas. En el diseño, los iconos suelen utilizarse para representar diferentes acciones, como "añadir" o "eliminar". Los iconos pueden utilizarse para añadir interés visual a un diseño y hacerlo más fácil de usar. Por ejemplo, el uso de iconos puede ayudar a los usuarios a identificar rápidamente las diferentes áreas de un sitio web o una aplicación.

Cuando se trata de diseño visual, hay que tener en cuenta algunas cosas clave. En primer lugar, hay que elegir colores que se complementen entre sí y que transmitan el estado de ánimo adecuado para el proyecto. En segundo lugar, presta atención a la tipografía y asegúrate de utilizar fuentes que sean fáciles de leer. Por último, no te olvides de las imágenes. Las imágenes pueden ayudar a añadir profundidad e interés a tu diseño.

¿Qué Es una Guía de Estilo?

Una guía de estilo es un documento que proporciona directrices sobre el estilo y el formato de un diseño. Las guías de estilo pueden utilizarse con diversos fines, como garantizar la coherencia entre un equipo o diferentes productos. También pueden utilizarse para definir el aspecto de una marca. Una guía de estilo suele incluir información sobre aspectos como la tipografía, la paleta de colores, la iconografía y el diseño.

Creación de una Guía de Estilo:

Al crear una guía de estilo, es importante tener en cuenta el propósito de la guía y quién la utilizará. Las guías de estilo pueden crearse para diferentes públicos, como diseñadores, desarrolladores o clientes. También es importante tener en cuenta el formato de la guía y cómo se utilizará. Por ejemplo, una guía de estilo puede crearse como un documento PDF, o puede ser una herramienta en línea que puede utilizarse para generar fragmentos de código.

Componentes Básicos de una Guía de Estilo:

Una guía de estilo suele incluir información sobre aspectos como la tipografía, la paleta de colores, la iconografía y el diseño. Dependiendo del público y del objetivo de la guía, también puede incluir información sobre aspectos como la voz y el tono o la marca.

- **Cuadrícula**

Una cuadrícula es un sistema de filas y columnas que se utiliza para organizar el contenido. Las cuadrículas pueden utilizarse para una variedad de propósitos diferentes, como la organización de texto o imágenes. Al utilizar una cuadrícula, es importante tener en cuenta el tamaño y la colocación de los elementos.

Las cuadrículas son una forma útil de crear una estructura en un diseño. Pueden utilizarse para segmentar el contenido, facilitar el escaneo y mejorar la legibilidad general de un diseño. Al crear una cuadrícula, es importante tener en cuenta el contenido que se colocará en ella y el propósito de la misma. Por ejemplo, si estás creando una cuadrícula para un sitio de comercio electrónico, tendrás que tener en cuenta aspectos como el tamaño y la ubicación de las imágenes de los productos.

- **Jerarquía:**

La jerarquía es la forma en que los elementos están dispuestos unos en relación con otros. Es importante tener en cuenta la jerarquía a la hora de diseñar, ya que puede afectar a la facilidad con la que los usuarios entienden y utilizan un diseño. Hay varias formas de crear jerarquía, como el uso del tamaño, el color o el espaciado.

La jerarquía es una forma de organizar el contenido de manera que la información más importante tenga prioridad. Al crear una jerarquía, es importante tener en cuenta la información más importante y la mejor manera de comunicársela al usuario. Por ejemplo, al diseñar un sitio web se puede utilizar el tamaño y el color para crear una jerarquía dentro del menú de navegación.

- **Plantillas de Muestra:**

Una plantilla es un diseño prediseñado que puede utilizarse para crear un diseño. Las plantillas suelen utilizarse como punto de partida para crear un diseño personalizado. Muchas plantillas están disponibles para su descarga en línea o pueden crearse desde cero utilizando una herramienta de diseño como Photoshop o Illustrator.

A la hora de elegir una plantilla, es importante tener en cuenta el objetivo del diseño y el público al que va dirigido. Por ejemplo, si estás diseñando un sitio web para una empresa, es posible que quieras elegir una plantilla que incluya espacio para el logotipo y la información de contacto. Si estás diseñando un sitio de comercio electrónico, tendrás que tener en cuenta aspectos como el tamaño y la ubicación de las imágenes de los productos.

Otras consideraciones son la tipografía, el logotipo, la combinación de colores, etc.

Ejercicio Práctico:

Ahora que lo sabes todo sobre el diseño visual, los mapas de sitio y los prototipos, vamos a mejorar un poco nuestra experiencia de usuario y a diseñar nuestra página de e-commerce.

Para ello, he hecho un wireframe de la página de inicio de nuestro sitio web de e-commerce. No es la página de inicio completa. El propósito es mostrar el diseño, el contraste de color, los iconos, la navegación, los botones, el logotipo, y sólo los visuales generales de la página web.

Un logotipo sencillo que he creado con *Canva*.

1. Este icono se ve mucho en los sitios web. Es un icono de **"cuenta"**. Es una buena función de usabilidad tenerlo en la

página de inicio. Tienes que facilitar a tus usuarios el inicio de sesión. Pueden verlo fácilmente en la página de inicio principal.

2. Luego tenemos la barra de búsqueda justo al lado del icono de la cuenta, que es otra función de usabilidad.

3. Al igual que todos los demás sitios web de comercio electrónico, hay un carrito que aparece en la esquina superior derecha del sitio web.

4. ¿Recuerdas el mapa del sitio? ¿Recuerdas los marcadores de posición primarios o de nivel 1 del mapa? Pues bien, son las páginas principales de este sitio web de comercio electrónico.

5. Vea las imágenes. ¿Qué te dicen de nuestra tienda? Sí. Que es una tienda de moda para hombres y mujeres. Nada de ciencia espacial.

6. Un logotipo sencillo que he creado con Canva.

7. Este icono se ve mucho en los sitios web. Es un icono de "cuenta". Es una buena función de usabilidad tenerlo en la página de inicio. Tienes que facilitar a tus usuarios el inicio de sesión. Pueden verlo fácilmente en la página de inicio principal.

8. Luego tenemos la barra de búsqueda justo al lado del icono de la cuenta, que es otra función de usabilidad.

9. Al igual que todos los demás sitios web de comercio electrónico, hay un carrito que aparece en la esquina superior derecha del sitio web.

10. ¿Recuerdas el mapa del sitio? ¿Recuerdas los marcadores de posición primarios o de nivel 1 del mapa? Pues bien, son las páginas principales de este sitio web de comercio electrónico.

11. Vea las imágenes. ¿Qué te dicen de nuestra tienda? Sí. Que es una tienda de moda para hombres y mujeres. Nada de ciencia espacial.

Ahora que entiendes los fundamentos del diseño visual, es el momento de poner en práctica tus conocimientos. En este ejercicio, crearás una guía de estilo para una empresa ficticia.

Tu tarea es elegir la guía de estilo para esta misma tienda de comercio electrónico. Y hacer la página de inicio de acuerdo con el diseño que hicimos en el capítulo 3.

Para ello, puedes ayudarte de estos puntos:

1. Elige un nombre y un logotipo para tu empresa.

2. Crea una paleta de colores para tu empresa. Incluya tanto los colores primarios como los secundarios.

3. Elige dos tipos de letra que se utilizarán para la marca de tu empresa. Una de ellas debe utilizarse para los titulares y la otra para el cuerpo de la letra.

4. Seleccione un icono o símbolo que irá en la página de inicio principal.

5. Decida el diseño general de su guía de estilo. Esto debería ser sólo para la página de inicio principal.

6. Incluye todos los elementos de la guía de estilo de tu empresa en tu diseño final. Asegúrese de utilizar los colores, las fuentes y los iconos que eligió anteriormente.

7. Comparte tu guía de estilo con otra persona para que te dé su opinión. ¿Cómo se ve? ¿Falta algo? ¿Qué podría mejorarse?

8. Haz los cambios necesarios en tu guía de estilo basándote en los comentarios recibidos.

9. Una vez que estés satisfecho con tu guía de estilo final, guárdala en un formato que pueda compartirse fácilmente con otros. Puede ser un documento PDF o un archivo HTML.

Capítulo 6

El USUARIO en el Universo UX

Esquema de este capítulo:

- Identificar al usuario

- Analizar las necesidades del usuario

- Priorizar a su usuario

- ¿Qué es un personaje de usuario?

- ¿Por qué debería crear un personaje de usuario?

- Segmentación de usuarios

La UI es la silla de montar, los estribos y las riendas. La UX es la sensación de poder montar el caballo.- Dain Miller

Hay una razón por la que la UX se llama *experiencia de usuario.* Gira en torno al usuario. Y no cualquier usuario, sino su usuario objetivo. Sin la opinión de tu usuario, no puedes diseñar algo que atraiga a todo el mundo. Hay demasiadas personas en el mundo con diferentes deseos, necesidades y perspectivas. Así que cuando diseñes tu aplicación, sitio web o producto, debes centrarte en tu usuario objetivo. Créenos, son muy importantes.

Tienes que entender todo lo posible sobre tus usuarios objetivo para diseñar una buena experiencia de usuario para ellos. Esto incluye comprender sus necesidades, deseos y motivaciones. También incluye la comprensión de lo que encontrarían útil o confuso sobre su producto o servicio. Cuando entiendes a tu usuario, puedes estar seguro de que tu diseño se creará teniendo en cuenta sus necesidades. Esto ayuda a crear una mejor experiencia de usuario y puede marcar la diferencia entre el éxito y el fracaso de tu producto.

Cuando se trata de diseño UX/UI, asegúrate de tomarte el tiempo necesario para entender a tu usuario. Esto es absolutamente esencial. Tómate todo el tiempo que necesites y haz toda la investigación que requiera el proyecto. Básicamente, tienes que ponerte en el lugar del usuario y pensar en lo que querría del producto. Esto significa tener en cuenta sus necesidades, deseos y anhelos. Solo así podrás crear un diseño que realmente satisfaga sus necesidades.

Identificación de Tu Usuario:

El primer paso para realizar los mejores diseños de UX/UI es identificar a su usuario objetivo. Esto puede hacerse creando un *user persona*. Un user persona usuario es un personaje ficticio que representa a su usuario objetivo. Este personaje debe incluir información como la edad, el sexo, la ubicación, la ocupación y los intereses del usuario. Una vez que haya creado un personaje, puede utilizarlo para guiar sus decisiones de diseño. Más adelante hablaremos de la creación de user persona, pero antes de eso, debes hacerte estas importantes preguntas cuando identifiques a tus usuarios.

1. ¿Quiénes son?

2. ¿Qué quieren?

3. ¿Cómo puedes ayudarles?

4. ¿Cuáles son sus puntos débiles?

5. ¿Qué les motiva?

Por ejemplo, si estás diseñando una aplicación para redes sociales, tus usuarios objetivo podrían ser adolescentes que quieren estar conectados con sus amigos. Estarían motivados por la necesidad de comunicarse y compartir información con otros. También es posible que tengan que lidiar con los acosadores o que se sientan excluidos. Como diseñador, puedes ayudarles creando una plataforma segura para ellos.

Nike+ es una aplicación de fitness que permite a los usuarios seguir su progreso y establecer objetivos. La aplicación se diseñó teniendo en cuenta las necesidades del usuario. Nike+ comprendió que sus usuarios objetivo eran personas interesadas en mantenerse en forma y saludables. También sabían que estos usuarios estarían motivados por la necesidad de ver resultados y mejorar sus niveles de fitness. Por ello, Nike+ se diseñó para que fuera fácil de usar y entender. También permitía a los usuarios hacer un seguimiento de su progreso y establecer objetivos. Esto ayudó a crear una mejor experiencia de usuario y aseguró que los usuarios fueran más propensos a seguir utilizando la aplicación.

Colócate en los Zapatos de Tu Usuario Objetivo

Analizar las necesidades de los usuarios:

Una vez identificado el usuario objetivo, el siguiente paso es analizar sus necesidades. Esto puede hacerse mediante la realización de una investigación de usuarios. La investigación de los usuarios implica hablar con ellos, observarlos y examinar sus datos. Esta investigación le ayudará a entender lo que quieren del producto y cómo puede satisfacer mejor sus necesidades. Por ejemplo, si estás diseñando un sitio web de e-commerce, puede que quieras mirar los datos de los usuarios para ver qué páginas visitan más, qué productos les interesan y cuáles son sus hábitos de compra. Esta información puede utilizarse para diseñar un sitio web más fácil de usar que satisfaga sus necesidades.

Nike es un ejemplo perfecto de empresa que entiende a su usuario objetivo y diseña sus productos pensando en él. El usuario objetivo de Nike es el deportista. Nike diseña sus productos teniendo en cuenta las necesidades de los atletas. Esto incluye todo, desde el material utilizado hasta la forma en que se ajusta el producto. Nike también ofrece opciones de personalización de sus productos para que los atletas puedan conseguir un ajuste perfecto. Esta atención a los detalles diferencia a Nike de otras marcas y les ha ayudado a convertirse en una de las empresas más exitosas del mundo.

Priorizar a Tu Usuario:

Una vez que hayas identificado y analizado a tu usuario objetivo, el siguiente paso es priorizar sus necesidades. Esto se puede hacer mediante la creación de un **mapa de viaje del usuario.** Un mapa de viaje del usuario es una representación visual de los pasos de un usuario cuando utiliza tu producto. Este mapa puede ayudarle a identificar dónde hay cuellos de botella o puntos de dolor en la experiencia del usuario. También puede ayudarle a ver dónde añadir valor para el usuario. Por ejemplo, si observa que los usuarios tienen dificultades para encontrar productos en tu sitio web, podrías añadir una barra de búsqueda o filtros para facilitarles la búsqueda.

Creación de un mapa del recorrido del usuario:

1. Identifique los pasos que da su persona

2. Determine dónde hay cuellos de botella o puntos de dolor

3. Encuentre formas de añadir valor para el usuario

4. Utilizar este mapa para mejorar la experiencia del usuario.

Airbnb es un gran ejemplo de empresa que da prioridad a sus usuarios. Al diseñar su producto, se pusieron en la piel de su usuario objetivo y pensaron en lo que querrían de la experiencia. Como resultado, crearon una plataforma que es fácil de usar y satisface las necesidades de sus usuarios. Airbnb también ofrece una amplia gama de opciones de personalización para que los usuarios puedan encontrar el anuncio perfecto para sus necesidades. Esta atención al detalle ha convertido a Airbnb en uno de los sitios web de viajes más populares del mundo.

Así que ahora que sabes cómo encontrar a tus usuarios ideales y cómo priorizarlos, pasemos a un factor importante en la investigación de usuarios. Se llama user persona. Sé que es otra palabra de moda. ¿Pero lo es? Las empresas y las grandes formas utilizan este método para hacer realmente productos para sus usuarios o clientes objetivo. Y esto les ayuda literalmente, como mucho.

Entonces, ¿Qué es un User Persona?

Un personaje de usuario es un personaje ficticio (piense en Harry Potter) que representa un tipo de usuario específico. Los personajes se utilizan para ayudar a los diseñadores a comprender los objetivos, los deseos y el comportamiento de sus usuarios objetivo. Al crear un personaje, puedes entender mejor cómo piensan y sienten tus usuarios objetivo sobre tu producto o servicio.

¿Por qué Debo Crear un User Persona?

Crear un user persona puede ayudarle:

La creación de un user persona es uno de los pasos más importantes en el proceso de diseño de UX. Una persona es un personaje semificticio que representa a su usuario ideal. Los personajes se basan en estudios de mercado y ayudan a garantizar que los diseños se adapten a las necesidades, los deseos y los comportamientos de los usuarios objetivo.

Al crear un personaje, deberá tener en cuenta factores como

- Datos demográficos

- Estilo de vida, motivaciones, puntos de dolor y objetivos. Una vez que hayas creado tu personaje, puedes utilizarlo como punto de referencia a lo largo del proceso de diseño para asegurarte de que tus diseños se centran en el usuario.

Vamos a tomar la ayuda de un caso de estudio para hacer que entiendas esto bien: Quieres hacer una aplicación de citas, y has investigado lo que quieren tus usuarios objetivo. Ahora, es el momento de crear personas para tus usuarios. Tendrás que tener en cuenta lo siguiente:

- ¿Cuál es su edad?

- ¿Cuál es su sexo?

- ¿Cuáles son sus intereses?

- ¿Cuáles son sus objetivos para las citas?

- ¿Cuáles son sus puntos débiles en las citas?

Tu User Persona es un hombre llamado Tom. Tom tiene 25 años, vive en Nueva York y está interesado en encontrar una relación seria. Está cansado de las aplicaciones de citas que están llenas de gente que sólo busca ligar. Tom quiere una aplicación que le ayude a encontrar a alguien que comparta sus intereses y busque una relación seria. Si tienes en cuenta a Tom a la hora de diseñar tu aplicación, podrás crear una experiencia que satisfaga sus necesidades y le ayude a encontrar su mejor pareja. Para empezar, quiere una relación seria. Le interesan las mujeres inteligentes y con buen sentido del humor. Está harto de las citas y quiere encontrar una mujer con la que pueda sentar la cabeza. Sus puntos de dolor son que se siente demasiado viejo para estar soltero y está cansado de tener citas que no llevan a ninguna parte.

Si entiendes a tu usuario objetivo, puedes diseñar un producto que satisfaga sus necesidades. En este caso, diseñarías una aplicación de citas que ayude a Tom a encontrar la relación seria que está buscando. La aplicación sería fácil de usar e incluiría características que le interesan a Tom, como la inteligencia y el buen sentido del humor.

Al crear personas para tus usuarios objetivo, puedes entender mejor quiénes son y qué quieren de tu aplicación. Esto te permite diseñar una aplicación que satisfaga sus necesidades y les ayude a encontrar la pareja perfecta.

En este ejemplo, has visto que hemos tenido en cuenta dos puntos clave al crear este user persona.

- Los datos demográficos de los usuarios

- Sus deseos, motivaciones y aspiraciones.

Segmentación de Usuarios:

Para profundizar en este estudio de caso, centrémonos ahora en los aspectos y datos de los usuarios que el equipo de diseño tendrá en cuenta. Por ejemplo, un examen más detallado de la aplicación de citas revela que las personas que utilizan esta aplicación incluyen los siguientes segmentos de usuarios:

- Personas solteras que buscan una relación seria.

- Personas divorciadas que buscan una relación

- Personas que están hartas de la escena de las citas y quieren encontrar una pareja a largo plazo

- Personas que están interesadas en mujeres u hombres inteligentes que tienen un buen sentido del humor.

- Personas que quieren encontrar pareja de acuerdo a sus deseos y necesidades.

Dado que Tom no podía encontrar una pareja potencial a largo plazo ni ningún individuo que se ajustara a su nivel de afinidad, el equipo de diseño concibió la idea de una aplicación de citas que ayudara a Tom a encontrar su pareja perfecta y otros individuos como él. El objetivo era diseñar una aplicación que fuera fácil de usar y navegar, con características que le interesaran a Tom. Esto incluía inteligencia y buen sentido del humor, entre otras características.

Tipo de usuario	Necesidades Claves	Funcionalidad
Divorciado	• Un neoyorquino divorciado que quiere reavivar el romance. • Tiene que ser una relación potencial a largo plazo o • El objetivo es que tienen que empezar a querer salir de nuevo y querer establecerse.	• Mostrar solteros y divorciados. • No hay ligues. • Buscando sentar la cabeza de nuevo (quiero casarme)
Soltero/a que busca una relación duradera	• Un local que quiere buscar una relación seria. • Quiere encontrar	• Mostrar una relación seria • Utilidad • Filtrar los

	una pareja con un conjunto prometedor de habilidades. • Debe ser una pareja perfecta. • Nada de enganches.	contactos • La pareja debe vivir cerca o en una zona filtrada

Así que aquí tienes. Estamos seguros de que, a estas alturas, ya sabes cómo crear un user persona. Vamos a poner a prueba tus habilidades.

Tarea Práctica

Así que, para este ejercicio, me gustaría que crearas un user persona de un individuo que utilizará nuestro sitio web de e-commerce. Me gustaría que empezaras con el primer paso. Identificar a tu usuario. Recorre el túnel y, al final, haz un perfil de usuario de algunos usuarios potenciales. Recuerde que debe seguir preguntándose:

1. ¿Quiénes son estos individuos?

2. ¿Qué quieren?

3. ¿Cómo se les puede ayudar?

4. ¿Cuáles son sus puntos débiles?

5. ¿Qué les motiva?

Capítulo 7

10 Heurísticas de Usabilidad

Esquema de este capítulo:

- Introducción

- Necesidad de estas heurísticas de usabilidad

- ¿Qué son las heurísticas de usabilidad?

- Tarea práctica

> *Regla de la UX: Más opciones, más problemas.*
> *- Scott Belsky,*

Introducción:

La experiencia del usuario es un tema enorme e importante en la industria del diseño, con muchas escuelas de pensamiento diferentes sobre la mejor manera de lograrla. Es un campo que evoluciona constantemente a medida que aumenta nuestra comprensión de cómo los usuarios interactúan con la tecnología. El Design Sprint de Google es un gran ejemplo de cómo han evolucionado la investigación y el diseño de UX en los últimos años.

Sin embargo, algo que ha permanecido constante es la importancia de la heurística de usabilidad. Las heurísticas de usabilidad son directrices que ayudan a los diseñadores a crear productos que sean fáciles de usar y agradables para los usuarios.

Uno de los modelos más influyentes para pensar en la experiencia del usuario son las *10 heurísticas de usabilidad de Jakob Nielsen.* Estas heurísticas son un conjunto de directrices que los diseñadores pueden utilizar para ayudarles a crear productos más fáciles de usar.

El Design Sprint de Google es un proceso de 4 días para crear rápidamente prototipos y probar los flujos de usuarios y los diseños. Fue desarrollado por Google Ventures y ha sido utilizado por empresas como Slack, Blue Bottle Coffee y Medium.
El sprint comienza con una fase de "divergencia", en la que los diseñadores proponen tantas ideas como sea posible. Estas ideas se refinan y reducen en la fase de "convergencia". En la fase de "prototipo", el equipo crea un prototipo de alta fidelidad de la idea elegida. Este prototipo se pone a prueba con los usuarios en la fase de "prueba".
El objetivo del sprint es comprimir meses de trabajo en una semana para que los diseñadores puedan probar rápida y eficazmente diferentes ideas.

El sprint es un gran ejemplo de cómo han evolucionado la investigación y el diseño de UX en los últimos años. Demuestra lo importante que es crear rápidamente prototipos y probar ideas antes de invertir demasiado tiempo y recursos en ellas.

A continuación se presenta un estudio de caso sobre cómo una empresa, R/GA, utilizó el método Google Design Sprint para ayudarles a crear rápidamente un prototipo y probar una nueva idea de producto.

R/GA es una agencia creativa global especializada en la transformación digital. Han trabajado con algunas de las marcas más importantes del mundo, como Nike, Beats by Dre y Google. En 2015, R/GA fue contactada por un cliente que quería crear un nuevo producto. El cliente tenía una idea para un dispositivo wearable que ayudaría a las personas con trastornos de ansiedad. R/GA sabía que tenía que actuar con rapidez para crear un prototipo del producto y ponerlo en manos de los usuarios para que lo probaran. También sabían que el producto debía diseñarse teniendo en cuenta la experiencia del usuario desde el principio.

Para ello, R/GA utilizó el método Google Design Sprint. Esto les permitió crear rápidamente un prototipo del producto y ponerlo en manos de los usuarios para que lo probaran en cuestión de días.

¿Por Qué Es Necesarias Estas Heurísticas De Usabilidad?

La aplicación de la heurística de usabilidad puede ayudarte a mejorar la calidad general de tu producto y hacerlo más fácil de usar. Siguiendo estas pautas, podrás evitar los errores de diseño más comunes y crear una mejor experiencia para tus usuarios.

Vamos a discutir cada heurística con un ejemplo y un caso práctico del mundo real para que las cosas queden muy claras al final de este capítulo.

1. Visibilidad del Estado del Sistema:

El sistema debe mantener siempre informados a los usuarios sobre lo que está ocurriendo mediante señales visuales, información verbal o ambas. Piénsalo así, ¿podrían los usuarios saber qué está pasando si se corta la luz y sólo pueden confiar en las indicaciones visuales del producto? Si no es así, la visibilidad del estado del sistema es pobre. Por ejemplo, la barra de progreso que aparece cuando se copian archivos de un lugar a otro es un ejemplo de buena visibilidad del estado del sistema. Otro ejemplo es cuando un sitio web muestra una rueda que gira para indicar que se está cargando. Al mostrar al usuario el estado actual del sistema, le estás facilitando las cosas y mejorando también su UX.

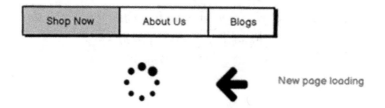

2. Coincidencia entre el Sistema y el Mundo Real:

El sistema debe utilizar un lenguaje y unos conceptos con los que los usuarios estén familiarizados. Por ejemplo, si estás diseñando un sitio web para un colegio, utilizar términos como "deberes" y "clase" sería más apropiado que usar términos como "tareas" y "grupos". Además, el sistema debe diseñarse de forma que sea coherente con los modelos mentales de los usuarios. Por ejemplo, si se diseña un sitio web para un hotel, el usuario debe poder encontrar fácilmente el botón de "reservar una habitación".

Probablemente haya visto una papelera de reciclaje en los escritorios de Windows e iOS. Es bastante familiar con la forma en que usamos los cubos de basura en la vida real. Así que un usuario sabe fácilmente y puede localizar esta papelera de reciclaje para eliminar cosas de nivel de sus ordenadores y teléfonos móviles.

Google ha hecho un trabajo increíble al mantener su interfaz limpia y sencilla. Utiliza términos comunes con los que los usuarios están familiarizados y diseña sus páginas de forma coherente con los modelos mentales de los usuarios. Por ejemplo, el botón de "búsqueda" está

siempre en el mismo lugar, y los resultados se muestran de
una manera fácil del entender.

3. Control y Libertad del Usuario:

Los usuarios deben poder deshacer fácilmente cualquier acción que realicen en el sistema. También deben poder abortar cualquier proceso que no quieran continuar. Un ejemplo son los botones de "deshacer" y "cancelar" que se encuentran en muchas aplicaciones de software. Esto permite a los usuarios sentir que tienen el control del sistema y evita que realicen accidentalmente acciones que no puedan deshacer.

El paquete de Microsoft Office incluye una serie de funciones que permiten a los usuarios deshacer fácilmente sus acciones, como el botón "deshacer", la función "rastrear cambios" y la función "guardar como". Estas funciones proporcionan a los usuarios un alto grado de control sobre su trabajo y evitan la pérdida accidental de datos.

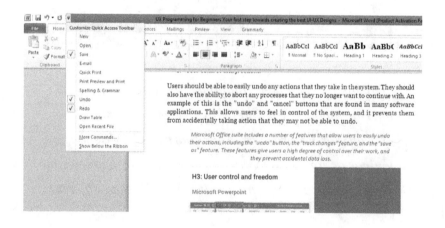

4. Coherencia y Normas:

La coherencia es importante para la usabilidad porque ayuda a los usuarios a sentirse más cómodos con el producto y facilita su uso. Si es coherente con aspectos como la terminología, la navegación y los elementos de diseño, los usuarios podrán entender y utilizar mejor su producto. Por ejemplo, si utilizas el mismo término para un botón en una página y un término diferente para el mismo botón en otra página, los usuarios se confundirán. Sin embargo, si es coherente con su terminología, los usuarios sabrán qué esperar y podrán utilizar su producto más fácilmente.

5. Prevención de Errores:

El sistema debe estar diseñado para evitar que los usuarios cometan errores. Por ejemplo, si un sitio web tiene un formulario que hay que rellenar, éste debe validarse antes de que el usuario lo envíe. Esto evitará que el usuario introduzca accidentalmente datos no válidos.

El motor de búsqueda de Google está diseñado para evitar que los usuarios cometan errores al introducir sus consultas. Por ejemplo, si un usuario escribe mal una palabra, el motor de búsqueda le sugerirá la ortografía correcta. Esto ayuda a reducir el número de errores que cometen los usuarios y hace que el motor de búsqueda sea más eficiente.

Otro ejemplo es el cuadro de diálogo "¿Está seguro?" que aparece cuando los usuarios intentan borrar un archivo. Este cuadro de diálogo evita que los usuarios borren

accidentalmente archivos, y les permite cancelar la acción
si han cambiado de opinión.

Google

Sign in

Use your Google Account

Email or phone
whatever123hdhk@gmail.com

Couldn't find your Google Account
Forgot email?

Not your computer? Use Guest mode to sign in privately.
Learn more

Create account   Next

6. Reconocimiento en Lugar de Recuerdo:

El sistema debe estar diseñado de forma que permita a los usuarios reconocer fácilmente las opciones que tienen a su disposición, en lugar de tener que recordarlas. Por ejemplo, si un sitio web tiene una función de búsqueda, el cuadro de búsqueda debe aparecer de forma destacada en todas las páginas. Esto permitirá a los usuarios encontrar rápida y fácilmente el cuadro de búsqueda cuando lo necesiten. Por ejemplo, Microsoft Word puede guardar tus archivos recientes, y puedes ver fácilmente el archivo en el que estabas trabajando en la sección de recientes. En caso de que su PC o portátil se apague inesperadamente mientras está trabajando en un archivo, podrá localizarlo en la interferencia principal del software.

El motor de búsqueda de Google muestra de forma destacada el cuadro de búsqueda en todas las páginas del sitio web. El objetivo es ayudar al usuario a encontrar fácilmente lo que busca sin tener que recordar dónde se encuentra. Si un sitio web tiene un formulario de búsqueda, éste debe estar claramente etiquetado con la palabra "búsqueda". Esto ayudará a los usuarios a encontrar el formulario rápidamente y sin dificultad.

Los sitios web de reserva de entradas, como Ticketmaster, también siguen este principio de diseño. El cuadro de búsqueda aparece en un lugar destacado de la página de inicio, lo que facilita a los usuarios encontrar y utilizar la función de búsqueda. Cada función se muestra en un cuadro separado en la página de inicio, lo que permite a los usuarios encontrar rápida y fácilmente la función que necesitan.

El sitio web de Facebook está diseñado para que los usuarios puedan encontrar fácilmente las diferentes

funciones que tienen a su disposición. Por ejemplo, el
botón "Inicio" aparece de forma destacada en la parte
superior de cada página, y el botón "Perfil" también está
claramente etiquetado. Esto hace que los usuarios puedan
navegar fácilmente por el sitio web y encontrar la
información que buscan.

7. *Flexibilidad y Eficiencia de Uso:*

La interfaz debe ser lo suficientemente flexible como para permitir a los usuarios completar fácilmente las tareas en el menor tiempo posible. El sistema debe permitir que un usuario novato realice las tareas básicas sin dificultad, al tiempo que permite a los usuarios más experimentados completar las tareas de forma rápida y eficiente. Un gran ejemplo de un sistema flexible y eficiente es el sitio web de Amazon. El sitio web permite a los usuarios encontrar rápidamente los productos que buscan y proporciona herramientas que permiten a los usuarios comparar precios y encontrar las mejores ofertas. Un sistema que no es flexible y eficiente sería un sitio web que no permite a los usuarios buscar productos o que requiere que los usuarios rellenen largos formularios para comprar artículos.

8. Estética y diseño minimalista:

El sistema debe estar diseñado de forma que sea estéticamente agradable para el usuario. El diseño debe ser sencillo y despejado para que los usuarios puedan encontrar fácilmente lo que buscan. Además, el sistema debe utilizar colores y otros elementos visuales que sean agradables a la vista. Google es un gran ejemplo de una empresa que utiliza la estética y la

Por ejemplo, si un sitio web tiene una función de búsqueda, los resultados de la búsqueda deben aparecer tan pronto como el usuario introduzca su consulta. Esto ayudará a ahorrar tiempo y hará que el sitio web sea más eficiente.

Google es un gran ejemplo de flexibilidad y eficiencia. A primera vista, puedes ver que el diseño es sencillo y estético. Encontrarás tus cuentas de Google en la esquina superior derecha. No es necesario ir a otro sitio ni hacer clic en botones adicionales. Google lo ofrece todo en su pantalla principal. Los resultados de la búsqueda se muestran tan pronto como el usuario introduce su consulta. Esto facilita que los usuarios encuentren lo que buscan sin tener que desplazarse por largas listas de productos.

9. Ayudar a los Usuarios a Reconocer, Diagnosticar y Recuperar los Errores:

El sistema debe estar diseñado de forma que ayude a los usuarios a reconocer, diagnosticar y recuperarse de los errores. Por ejemplo, si un usuario introduce una contraseña no válida, el sistema debe mostrar un mensaje de error fácil de entender. El sistema también debe proporcionar instrucciones sobre cómo recuperarse del error. Un gran caso de estudio sobre cómo ayudar a los usuarios a reconocer, diagnosticar y recuperarse de los errores en el sitio web de Facebook. Cuando un usuario introduce una contraseña no válida, el sistema muestra un mensaje de error fácil de entender. El mensaje también proporciona instrucciones sobre cómo recuperarse del error.

10. Ayuda y Documentación:

El sistema debe ser fácil de aprender y utilizar, incluso para los usuarios que no están familiarizados con él. La documentación debe ser clara y concisa, y debe ser fácil encontrar ayuda cuando se necesite. El sistema debe proporcionar ayuda al usuario en caso de que se encuentre con un obstáculo. Siempre hay que proporcionar información que pueda ayudar al usuario a superar ese obstáculo.

Ejercicio Práctico:

Tu trabajo es buscar en sitios web y aplicaciones y ver si puedes encontrar estas heurísticas de usabilidad en estos medios. Haz una lista de lo que se puede mejorar y cómo podrías tú, como diseñador de UX, mejorarlo. Para ganar puntos, haz bocetos o prototipos.

Capítulo 8

17 Puntos que Desearíamos Saber sobre UX

Esquema de este capítulo:

- Conozca a sus usuarios

- Mantente al día con las últimas tendencias

- Asegúrate de que tus diseños son fáciles de usar e intuitivos

- Usabilidad

- Diseños visuales

- Microinteracciones

Todo gran diseño comienza con una historia aún mejor.
- Lorinda Mamo

Con las crecientes tendencias tecnológicas, la UX también ha crecido y cambiado enormemente en la última década. Hay nuevas tendencias y estilos con los que hay que estar al día para mantenerse en la cima de sus juegos. La forma en que interactuamos con los sistemas cambia constantemente, por lo que muchas empresas y marcas tienen departamentos, equipos y presupuestos separados para encontrar nuevas formas de adelantarse a sus competidores.

Estamos en la línea de meta de nuestra primera fase del libro. Casi hemos terminado con la parte, digamos, técnica. En la fase del nido, podrás ver algunas actividades de hijo de la mano en relación con UX / UI. Pero para el último capítulo, vamos a anotar algunos puntos que son realmente importantes para recordar al hacer diseños UX.

Con eso en mente, aquí hay 17 cosas que puedes hacer para asegurarte de estar siempre a la vanguardia.

Entiende a Tus Usuarios y Sus Necesidades

Esta es la base de una buena UX. Si no entiendes a tus usuarios, no puedes diseñar nada que les sea realmente útil. Escucha siempre lo que tu usuario tiene que decir. Haz que toda la experiencia del usuario sea sencilla y fácil para ellos. Anota todos los puntos que salgan de su boca. Investiga bien el perfil del usuario. Este es tu objetivo. Llevarlos a un excelente viaje de usuario que disfruten al máximo. Según el autor Jared Spool "Si queremos diseñar productos que deleiten a los usuarios, tenemos que entender tres cosas fundamentales sobre ellos: sus necesidades, sus tareas y sus modelos mentales." No se puede diseñar una gran experiencia de usuario sin entender estas tres cosas. Por ejemplo, si estás diseñando un sitio web, tienes que entender lo que tus usuarios están tratando de lograr en el sitio y su modelo mental de cómo funciona Internet. Sólo entonces podrás diseñar algo que realmente satisfaga sus necesidades. En nuestros capítulos anteriores, hemos hablado de la elaboración de perfiles de usuario y de la creación de personajes de usuario. Si aún no lo has hecho, ahora sería un buen momento para volver a hacerlo.

Mantente al Día con las Últimas Tendencias:

Como ya hemos dicho, la UX está en constante evolución. Constantemente surgen nuevas tecnologías y enfoques, por lo que es importante estar al tanto de las últimas tendencias. Esto te ayudará a entender lo que es nuevo y cómo puede aplicarse a tu trabajo. Una buena forma de hacerlo es seguir blogs y sitios web relacionados con la experiencia del usuario, como uxdesign.cc, Smashing Magazine y A List Apart. También puedes asistir a conferencias y reuniones o incluso unirte a una comunidad online como UX Stack Exchange. Debido a los avances tecnológicos, es importante mantenerse al día con las últimas tendencias para mantener una ventaja competitiva y garantizar que tus diseños sean actuales. La famosa marca Nike es un gran ejemplo de una empresa que hace esto bien. Nike está siempre a la vanguardia de las nuevas tecnologías, y su sitio web y su aplicación móvil se actualizan constantemente con las últimas características.

Asegúrate de Que Tus Diseños Sean Fáciles de Usar e Intuitivos

Este es otro punto importante a tener en cuenta. Incluso si sus diseños están centrados en el usuario, no serán eficaces a menos que también sean fáciles de usar e intuitivos. En otras palabras, los usuarios deben ser capaces de averiguar cómo utilizar su diseño sin dificultad. También deben sentirse cómodos utilizándolo. Esto puede lograrse mediante un diseño coherente, etiquetas claras e indicaciones útiles. El famoso experto en usabilidad Jakob Nielsen dijo una vez: "Los usuarios pasan la mayor parte de su tiempo en otros sitios". Esto significa que los usuarios prefieren que su sitio funcione de la misma manera que todos los demás sitios que ya conocen". Así que asegúrate de que tus diseños son familiares y fáciles de usar. Un gran ejemplo de esto es el carrito de la compra de Amazon. Está diseñado para ser familiar y fácil de usar, de modo que los usuarios se sientan cómodos utilizándolo incluso si nunca han usado Amazon antes.

Piensa Siempre en Términos de Usabilidad

¿Su diseño será fácil e intuitivo para los usuarios? Hay que prestar especial atención a los problemas de usabilidad más comunes y diseñar en consecuencia para evitar cualquier confusión. Por ejemplo, utiliza etiquetas claras y concisas, usa iconos u otros elementos visuales para representar las acciones y asegúrate de que los botones son lo suficientemente grandes y se puede hacer clic en ellos fácilmente. Hazte estas preguntas mientras diseñas: ¿qué facilitaría esta tarea al usuario? ¿Qué podría hacerlo más intuitivo? Recuerda que las necesidades del usuario deben estar siempre en primer plano.

Preste Atención Adicional al Diseño Visual

El diseño visual es una parte importante de la experiencia del usuario, así que asegúrate de prestarle la atención que merece. Ten en cuenta aspectos como la combinación de colores, las imágenes y el diseño cuando trabajes en el diseño visual de tu sitio o aplicación. El diseño visual puede tener un gran impacto en la experiencia general del usuario, así que no subestimes su importancia. Por ejemplo, si estás diseñando un sitio para una marca de lujo, el diseño visual debe reflejarlo. La estética general, la fuente, el color y los iconos deben transmitir el mensaje o los servicios que ofrece la marca.

Según una encuesta realizada por Adobe, "el 52% de los encuestados dijo que un mal diseño visual desanima más que un mal texto". Esto demuestra lo importante que es el diseño visual para la experiencia del usuario.

Microinteracciones

Las microinteracciones son pequeños detalles que pueden tener un gran impacto en la experiencia general del usuario. A menudo se utilizan para dar a los usuarios información, como un sonido de notificación cuando reciben un nuevo mensaje. Las microinteracciones también pueden utilizarse para añadir un elemento de diversión o gamificación a tu sitio o aplicación. sea cual sea su propósito, asegúrate de que utilizas las microinteracciones con cuidado y moderación: demasiadas pueden resultar abrumadoras y distraer.

Un buen ejemplo de ello es el botón "me gusta" de Facebook. Al hacer clic en él, aparece una pequeña notificación emergente que dice: "Te ha gustado esto".

Esta microinteracción proporciona al usuario información y hace que la experiencia sea más atractiva y agradable.

Mantenga la Sencillez y la Clase

La simplicidad es la clave. Este principio se aplica a todos los aspectos de la vida, especialmente en el diseño de UX. Los usuarios no quieren algo complicado, quieren algo que sea fácil de usar y entender. Así que pregúntate siempre si hay una forma más sencilla de hacer las cosas. Si la hay, ve a por ella. Un diseño sencillo y con clase siempre es mejor que uno complicado y desordenado. Por ejemplo, echa un vistazo a los sitios web de Google y Apple. Ambos son limpios y minimalistas, y son fáciles de usar. Eso se debe a que han sido diseñados pensando en la simplicidad.

Sea Coherente

La incoherencia puede ser uno de los problemas de usabilidad más importantes. Los usuarios deben ser capaces de entender fácilmente su producto o servicio, y eso es mucho más difícil de hacer si las cosas están por todas partes. Intenta crear un estilo coherente en todo tu diseño, desde los colores que utilizas hasta la forma en que formateas el texto. La coherencia hará que su producto o servicio sea mucho más fácil de usar.

Es posible que hayas oído hablar de las directrices de Material Design de Google, que proporcionan un conjunto de reglas que los diseñadores pueden seguir para crear un estilo coherente. Las directrices abarcan todo, desde la tipografía hasta la iconografía. Al tener una estructura

uniforme, puedes crear una experiencia de usuario mucho
mejor.

Piensa como un Usuario

Una de las cosas más importantes que puedes hacer como diseñador de UX es pensar como un usuario. Ponte en su lugar e intenta ver las cosas desde su perspectiva. ¿Cuáles son sus necesidades y deseos? ¿Cuáles son sus puntos débiles? ¿Cómo puedes mejorar su experiencia? Al pensar como un usuario, podrás diseñar soluciones mucho mejores que satisfagan sus necesidades.

Obtenga Comentarios Tempranos y Frecuentes

Los comentarios son esenciales en el proceso de diseño. Te permite validar tus ideas y asegurarte de que vas por el buen camino. Intenta obtener opiniones del mayor número posible de personas, incluido tu público objetivo, amigos, familiares y colegas. Cuanto antes recibas los comentarios, mejor; es mucho más fácil hacer cambios al principio del proceso que después.

Sea Consciente de los Problemas de Usabilidad más Comunes

Los problemas de usabilidad son aquellos que dificultan a los usuarios el uso de un producto o servicio. Pueden estar causados por cualquier cosa, desde un diseño deficiente hasta errores técnicos. Algunos de los problemas de usabilidad más comunes son la navegación confusa, los botones que no responden y los tiempos de carga lentos. Es esencial ser consciente de estos problemas para evitarlos en sus diseños. Por ejemplo, asegúrese de que su sitio web es fácil de navegar y de que todos los botones responden.

Actualiza Tus Contenidos en Todo Momento

El mundo de la tecnología está en constante cambio, por lo que sus contenidos deben actualizarse con regularidad para asegurarse de que son precisos y pertinentes. Mantente al día de las últimas tendencias y desarrollos para poder ofrecer información precisa a tus usuarios. Su contenido debe reflejar los últimos cambios en la industria. Esto demostrará que está al día con los últimos cambios y desarrollos de la industria. Esto se reflejará positivamente en ti como diseñador y te pondrá por delante de la competencia. Por ejemplo, si estás escribiendo una entrada de blog sobre las últimas tendencias en diseño UX, asegúrate de incluir los cambios más recientes. Esto mostrará a tus lectores que estás al día de las últimas tendencias del sector. Aparte de esto, necesitas tener un contenido sobresaliente, para empezar. El contenido es el rey cuando se trata de diseño UX. Su contenido debe estar bien escrito, ser preciso y relevante para sus usuarios. También debe ser atractivo y fácil de leer. Recuerde que su contenido es lo que hará que los usuarios vuelvan a su sitio o aplicación, así que asegúrese de que merezca la pena.

Ofrecer Soluciones

Como diseñador de UX, parte de tu trabajo es resolver problemas. Cuando escribas contenidos, asegúrate de ofrecer soluciones a los problemas más comunes a los que se enfrentan los usuarios. Esto demostrará que entiendes a fondo las necesidades de los usuarios y cómo abordarlas. Por ejemplo, si escribes una entrada de blog sobre cómo diseñar un mejor flujo de usuarios, asegúrate de incluir consejos y trucos que los usuarios puedan poner en práctica. Ponte el sombrero de pensar y ofrece soluciones que sean innovadoras y útiles.

Siga la Heurística de la Usabilidad

Como ya se ha mencionado, las heurísticas de usabilidad son un conjunto de directrices que ayudan a garantizar una buena experiencia de usuario. Al crear tu contenido, asegúrate de seguir estas directrices para garantizar que los usuarios tengan una experiencia positiva. Las heurísticas de usabilidad incluyen aspectos como la **"visibilidad del estado del sistema" y la "correspondencia entre el sistema y el mundo real".** Con estos componentes clave en mente, puedes crear contenidos útiles y fáciles de usar.

Sea Paciente

Roma no se construyó en un día. Crear una gran experiencia de usuario requiere tiempo, esfuerzo y paciencia. No esperes hacerlo bien a la primera; la iteración es la clave. Prepárate para trabajar y hacer cambios en el camino. Recuerda que debes ir paso a paso; al final, llegarás a donde quieres.

Diviértete

Al final del día, recuerda que estás haciendo lo que te gusta. Se supone que el diseño es divertido, así que no olvides disfrutar del proceso. Deja que tu creatividad fluya y ve a dónde te lleva. Nunca se sabe lo que puede surgir.

No Tenga Miedo al Fracaso

El fracaso es inevitable en cualquier empresa creativa. Pero no dejes que te impida probar cosas nuevas. Acepta el fracaso y utilízalo como una oportunidad de aprendizaje. Cada vez que falles, aprenderás algo nuevo que te ayudará a ser mejor diseñador. ¿Sabías que algunas de las personas con más éxito del mundo son también algunos de los mayores fracasos? Eso se debe a que han aprendido a aceptar el fracaso y a utilizarlo como trampolín hacia el éxito.

Estos son nuestros 17 consejos para convertirse en un mejor diseñador de UX. Esperamos que te sean útiles. Ten en cuenta estas cosas mientras continúas tu viaje en el mundo de la UX, y estamos seguros de que estarás en la cima de tu juego en poco tiempo.

FASE 2

Capítulo 9

Programación UX
mediante HTML y CSS

De lo que hablaremos en este capítulo:

- ¿Qué es HTML?

- ¿Qué es CSS?

- Html Como herramienta de diseño de la interfaz de usuario

- Elementos HTML

- Tarea práctica

> *El diseño es la inteligencia hecha visible".*
> *-- Alina Wheeler*

Introducción

En este capítulo, discutiremos cómo crear un sitio web de comercio electrónico utilizando elementos de interfaz de usuario. Ten en cuenta que esto no pretende enseñarte HTML o CSS. Más bien tocaremos y haremos los elementos UI usando los lenguajes de programación HTML y CSS. Aunque la creación de un sitio web completo utilizando estos lenguajes está fuera del contexto de este libro, es mejor que practiques estos lenguajes por tu cuenta. Para esta fase de tareas prácticas del libro, veremos los elementos de UI como la barra de navegación, el interruptor de palanca, el carrito, la barra de búsqueda y otras características utilizando HTML.

Utilizaremos el diseño y el wireframe de la página de inicio de nuestro sitio web.

Se pueden utilizar numerosas plataformas para crear una tienda online, pero para los fines de esta guía, nos centraremos en el uso de HTML y CSS. Con estos dos lenguajes de programación, podrás crear un sitio web básico pero funcional que, con suerte, podrá vender productos.

En el mundo actual, HTML y CSS no sólo son herramientas importantes sino necesarias. Todo diseñador debería saber, al menos, cómo trabajar con este conjunto de herramientas. Me atrevería a decir que son un conjunto de herramientas imprescindibles para cualquier diseñador. ¿Por qué?

Mientras que las herramientas de prototipos como Adobe y sketch proporcionan soluciones rápidas y eficientes, HTML y CSS proporcionan una funcionalidad de prototipo en el navegador. Puedes ver realmente el aspecto de tus diseños en tu navegador. Con la introducción de Bootstrap (para saber más sobre Bootstrap, ve a este enlace), las cosas se han vuelto muy fáciles y sorprendentes para los diseñadores visuales. Estas herramientas ofrecen muchos elementos y componentes que hacen hermosos diseños visuales.

Otra razón por la que estos lenguajes de programación deben ser utilizados es que no son estáticos. Proporcionan un flujo interactivo que puede ser muy útil para los diseñadores. Además, CSS es un gran conjunto de herramientas si has empezado a trabajar como diseñador visual o gráfico en una empresa porque sigue siendo relevante hoy en día.

Esperamos que los procesos actuales de diseño de sitios web cambien para ser más centrados en el usuario y más dinámicos de lo que son ahora.

Las herramientas de creación de prototipos, como Silver Flows, que InVision acabó comprando, introducirán un nuevo enfoque de modelado para el diseño de wireframes interactivos, alejándose de los flujos de usuario estáticos y las historias.

Así que, en pocas palabras, el HTML y el CSS son elementos esenciales para los diseñadores como resultado de los actuales desarrollos web profesionales de la interfaz de usuario dinámica y la creciente capacidad del aprendizaje automático.

La existencia de un diseñador se verá facilitada por unos sólidos conocimientos de HTML y CSS, que también le permitirán construir interfaces de usuario bien pensadas.

¿Qué Es el HTML?

HTML, o HyperText Markup Language, es el lenguaje de marcado estándar para crear páginas y aplicaciones web. El HTML se utiliza para estructurar el contenido que se muestra en una página web, incluyendo texto, imágenes, vídeos y otros elementos multimedia.

CSS, u hojas de estilo en cascada, es un lenguaje de hojas de estilo utilizado para describir la presentación de un documento escrito en HTML o XML. El CSS se utiliza para dar estilo a todo el contenido de una página web, incluyendo el texto, los colores y las fuentes.

Antes de ponerte a trabajar en la práctica, permíteme compartir contigo algunas etiquetas y elementos de HTML. Es importante conocerlos porque estamos desarrollando esta página web a través de un lenguaje de programación HTML. Por lo demás, no es importante aprenderlas.

Elementos HTML:

- **<!DOCTYPE html>** - Esta etiqueta define el tipo de documento del archivo HTML.

- **<html>** - Este es el elemento raíz de un archivo HTML. Todos los demás elementos deben estar contenidos en este elemento.

- **<head>** - Este elemento contiene información sobre el documento, como el título y los metadatos. Su título va básicamente dentro de esta etiqueta.

121

- **\<meta charset="utf-8"\>** - Esta etiqueta define el conjunto de caracteres del documento. En este caso, se establece como UTF-8, un conjunto de caracteres universal que soporta la mayoría de los idiomas.

- **\<title\>**Su sitio web de comercio electrónico\</title\> - Esta etiqueta establece el título del documento, que se muestra en la pestaña del navegador.

- **\<link rel="stylesheet" href="style.css"\>** - Esta etiqueta enlaza el archivo HTML con un archivo CSS. El archivo CSS se utiliza para dar estilo al documento. Ya hablaremos de él más adelante.

- **\<body\>** - Este elemento contiene el contenido principal del documento.

- **\<h1\>**¡Bienvenido a tu sitio web de comercio electrónico!\</h1\> - Este es un elemento de encabezado. Hay seis elementos de encabezamiento, que van desde \<h1\> (el más grande) hasta \<h6\> (el más pequeño).

- **\<p\>**Esta es la página de inicio de su sitio web.\</p\> - Este es un elemento de párrafo. Los párrafos se utilizan para contener bloques de texto.

- **-\<div class="product"\>** Este es un elemento de división. Las divisiones se utilizan para agrupar elementos. En este caso, la división se utiliza para agrupar información sobre un producto.

- **<img src="producto.jpg" alt="Producto">** - Esta etiqueta inserta una imagen en el documento. El atributo "src" especifica la URL de la imagen, y el atributo "alt" especifica el texto alternativo para la imagen en caso de que no se pueda mostrar.

- **<h2>Nombre del producto</h2>** Este es un elemento de encabezamiento. Como ya se ha mencionado, hay seis elementos de encabezamiento, que van desde <h1> (el más grande) hasta <h6> (el más pequeño).

Atributos de Estilo de Texto en HTML

El atributo style se utiliza para especificar los estilos CSS de un elemento HTML. Los estilos suelen especificarse en un archivo CSS, pero también pueden especificarse en línea utilizando el atributo style.

Para utilizar el atributo style, debe especificar al menos una propiedad CSS y un valor. Por ejemplo:

```
<p style="color:red;">Este párrafo es 
rojo.</p>
```

La propiedad CSS "color" se establece en "rojo" en este ejemplo. Como resultado, el texto dentro del elemento <p> se mostrará en rojo.

Puede especificar varias propiedades CSS separando cada propiedad y valor con un punto y coma. Por ejemplo:

```
<p style="color:rojo;font-size:20px;">Este
párrafo es rojo y tiene 20 píxeles de
altura.</p>
```

Las propiedades "color" y "font-size" están establecidas en este ejemplo. Como resultado, el texto será rojo y de 20 píxeles de alto.

Digamos que queremos añadir un color de fondo amarillo a todos los elementos <h1> de nuestra página. Podemos hacerlo añadiendo la siguiente regla de estilo a nuestro archivo CSS:

```
h1 {

color de fondo: amarillo;

}
```

O bien, podríamos añadir el estilo inline así:

```
<h1 style="background-
color:yellow;">¡Bienvenido a su sitio web de
comercio electrónico!</h1>
```

Atributos de Formato de Texto HTML

El atributo de formato de texto se utiliza para especificar el formato del texto dentro de un elemento HTML.

El texto puede ser formateado de varias maneras, como **negrita,** cursiva o subrayado. El atributo de formato de texto se utiliza para especificar el formato del texto dentro de un elemento HTML.

Por ejemplo, para hacer que el texto dentro de un elemento \<p\> esté en negrita, podríamos añadir la siguiente regla de estilo a nuestro archivo CSS:

```
p {

font-weight: bold;

}
```

O bien, podríamos añadir el estilo inline así:

```
<p style="font-weight:bold;">Este párrafo
está en negrita.</p>
```

Del mismo modo, para hacer que el texto dentro de un elemento \<p\> esté en cursiva, podríamos añadir la siguiente regla de estilo a nuestro archivo CSS:

```
p {

font-style: italic;

}
```

O bien, podríamos añadir el estilo inline así:

```
<p style="font-style:italic;">Este párrafo
está en cursiva.</p>
```

Para hacer que el texto dentro de un elemento \<p\> esté subrayado, podríamos añadir la siguiente regla de estilo a nuestro archivo CSS:

```
p {

text-decoration: underline;

}
```

O bien, podríamos añadir el estilo inline de la siguiente manera:

```
<p style="text-decoration:underline;">Este
párrafo está subrayado.</p>
```

Colores HTML:

El atributo color se utiliza para especificar el color del texto dentro de un elemento HTML. El color puede especificarse como un valor hexadecimal (por ejemplo, "#FF0000" para el rojo) o como un color con nombre (por ejemplo, "rojo").

Por ejemplo, para hacer que el texto dentro de un elemento <p> sea rojo, podríamos añadir la siguiente regla de estilo a nuestro archivo CSS:

```
p {

color: rojo;

}
```

O bien, podríamos añadir el estilo inline de la siguiente manera:

```
<p style="color:red;">Este párrafo es
rojo.</p>
```

Del mismo modo, para hacer que el texto dentro de un elemento <h1> sea azul, podríamos añadir la siguiente regla de estilo a nuestro archivo CSS:

```
h1 {

color: azul;

}
```

O bien, podríamos añadir el estilo inline de la siguiente manera:

```
<h1 style="color:azul;">Este título es azul.</h1>
```

Para hacer que el texto dentro de un elemento <p> sea verde, podríamos añadir la siguiente regla de estilo a nuestro archivo CSS:

```
p {

color: verde;

}
```

O bien, podríamos añadir el estilo inline de la siguiente manera:

```
<p style="color:green;">Este párrafo es verde.</p>
```

También puede especificar los colores utilizando los valores RGB. RGB significa "Red Green Blue". Es una forma de describir los colores utilizando una combinación de estos tres colores.

Por ejemplo, el color rojo puede especificarse como RGB(255,0,0). Esto significa que el color comprende un 100% de rojo, un 0% de verde y un 0% de azul.

Del mismo modo, el color azul puede especificarse como RGB(0,0,255). Esto significa que el color comprende 0% de rojo, 0% de verde y 100% de azul.

El color amarillo puede especificarse como RGB(255,255,0). Esto significa que el color comprende 100% de rojo, 100% de verde y 0% de azul.

Imágenes HTML:

El elemento <img> se usa para agregar imágenes a un documento HTML. El elemento <img> tiene los siguientes atributos:

- **src:** Especifica la URL de la imagen a mostrar.

- **alt:** Especifica un texto alternativo para la imagen en caso de que ésta no pueda mostrarse.

- **Anchura:** Especifica la anchura de la imagen en píxeles.

- **Altura:** Especifica la altura de la imagen en píxeles.

El siguiente ejemplo añade una imagen a un documento HTML:

```
<img
src="https://www.w3schools.com/images/w3scho
```

```
ols_green.jpg" alt="W3Schools" width="104"
height="142">
```

En este ejemplo, hemos utilizado los siguientes atributos:

- **src:** especifica la URL de la imagen que se mostrará. En este caso, la imagen se encuentra en "https://www.w3schools.com/images/w3schools_green.jpg"

- **alt:** especifica un texto alternativo para la imagen en caso de que la imagen no se pueda mostrar. En este caso, el texto alternativo es "W3Schools".

- **width:** especifica el ancho de la imagen en píxeles. En este caso, el ancho es de 104 píxeles.

- **height:** especifica la altura de la imagen en píxeles. En este caso, la altura es de 142 píxeles.

- El elemento **<img>** es un elemento vacío, lo que significa que no tiene etiqueta de cierre.

Enlaces HTML

El elemento **<a>** se utiliza para crear un hipervínculo. El elemento <a> tiene los siguientes atributos:

- **href:** Especifica la URL de la página a la que va el enlace.

- **Target:** Especifica dónde abrir el documento enlazado.

El siguiente ejemplo crea un enlace a W3Schools:

```
<a href="https://www.w3schools.com">Visita
W3Schools</a>
```

En este ejemplo, hemos utilizado los siguientes atributos:

Href: Especifica la URL de la página a la que va el enlace. En este caso, el enlace va a "https://www.w3schools.com".

Target (Destino): Especifica dónde abrir el documento enlazado. En este caso, el enlace se abrirá en la ventana actual.

Encabezados HTML

Los encabezadosse definen con las etiquetas **<h1>** a **<h6>.**

```
<h1> define el encabezamiento más
importante. <h2> define el segundo
encabezado más importante, y así
sucesivamente hasta <h6>.
```

El siguiente ejemplo muestra cómo utilizar los encabezados en un documento HTML:<html>

```
<body>

<h1>Esto es un encabezado</h1>

<h2>Este es un encabezado</h>

</body>
```

Elementos de Diseño HTML:

La página web HTML se compone de varios elementos que conforman el diseño de la página web.

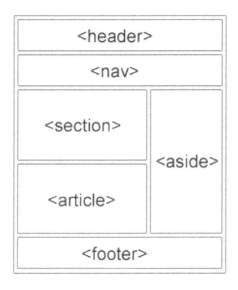

1. **El elemento head** - contiene información sobre el documento, como el título del mismo y enlaces a hojas de estilo externas. La sección de cabecera se define con la etiqueta <head>.

2. **La navegación:** Este elemento se utiliza para navegar de una página a otra. Es la barra que se ve en la mayoría de las páginas de inicio de los comercios electrónicos: las páginas de compra, sobre nosotros y de contacto. Los elementos de navegación se definen con la etiqueta <nav>.

3. **Sección:** La sección es un elemento contenedor que se utiliza para agrupar contenidos relacionados en una página web. Por ejemplo, un artículo de noticias podría dividirse en secciones para el titular, el nombre del autor, la fecha y el cuerpo del artículo.

4. **Artículo:** El elemento artículo se utiliza para representar una pieza de contenido independiente en una página web. Puede ser una entrada de blog, un artículo de noticias o la descripción de un producto.

5. **Aside:** Aside es un elemento contenedor utilizado para presentar información tangencialmente relacionada con el contenido principal de una página.

6. **Pie de página:** El pie de página es un elemento contenedor que se utiliza para presentar información sobre el autor de una página, información de copyright y datos de contacto.

¿Qué Es el CSS?

CSS significa hojas de estilo en cascada. Un estilo CSS explica cómo deben aparecer los elementos HTML en las pantallas, en la impresión o en otros dispositivos. Con CSS se ahorra una gran cantidad de trabajo. Puede gestionar el diseño de varias páginas web simultáneamente. En pocas palabras, a través de CSS, hacemos aparecer el estilo del elemento HTML.

Vamos a hablar de algunos elementos CSS que te harán entender este término más fácilmente.

Antes de comenzar nuestra tarea de la página de inicio, todavía tengo algunos buenos elementos para introducir. Estos son elementos de interfaz de usuario muy importantes y son una fuente de gran experiencia de usuario. Los definiré uno por uno y escribiré su código HTML y CSS para que puedas ejecutarlos también y ver los resultados por ti mismo.

¿Qué Son Los Elementos CSS?

Los elementos CSS son los componentes individuales de una regla de estilo CSS. Una regla de estilo CSS se compone de un selector y un bloque de declaración. El selector apunta al elemento HTML al que se quiere aplicar el estilo. El bloque de declaración contiene una o más declaraciones, cada una de las cuales consiste en una propiedad CSS y un valor.

¿Cómo añadir un enlace CSS al documento HTML?

Para añadir un enlace CSS a su documento HTML, debe utilizar el elemento <link>. El elemento <link> va en la sección **<head>** de su documento.

El elemento **<link>** tiene dos atributos: **rel** y **href.**

- El atributo **rel** indica al navegador qué tipo de relación tiene el documento enlazado con el documento actual. El valor del atributo rel debe ser una hoja de estilo.

- El atributo **href** especifica la URL del documento enlazado. El valor del atributo href debe ser la URL de su archivo CSS.

He aquí un ejemplo:

```
<head>
```

```
<link rel="stylesheet" href="style.css">

</head>
```

En este ejemplo, el valor del atributo rel es stylesheet, y el valor del atributo href es style.css. Esto significa que el documento enlazado es un archivo CSS llamado style.css, que debe utilizarse para dar estilo al documento actual.

¿Cómo se escriben los comentarios en CSS?

Los comentarios en CSS se utilizan para explicar el código y también pueden evitar que se apliquen ciertas secciones de CSS.

Para crear un comentario en CSS, se utiliza la sintaxis /* */. El navegador ignorará todo lo que haya entre la apertura /* y el cierre */.

He aquí un ejemplo:

```
/* Esto es un comentario */



p {

color: red;

}
```

En este ejemplo, el comentario es /* Esto es un comentario */. El navegador ignorará este comentario y sólo aplicará la regla CSS p { color: red; }.

¿Cómo seleccionar un elemento en CSS?

Para seleccionar un elemento en CSS, se utiliza el selector. El selector apunta al elemento HTML al que se quiere dar estilo.

Hay varias maneras de seleccionar un elemento en CSS. Los métodos más comunes son utilizando el id del elemento, la clase o el nombre de la etiqueta.

Por ejemplo, si tienes un elemento <p> con un id de "intro", puedes seleccionarlo así:

```
#intro {

color: red;

}
```

Si tienes un elemento <p> con una clase de "advertencia", puedes seleccionarlo así:

```
.warning {

color: red;

}
```

Si quieres seleccionar todos los elementos <p>, puedes hacerlo así:

```
p {

color: red;

}
```

Ahora que ya sabes qué es el CSS y cómo se escribe, permíteme darte un breve resumen de algunos de los elementos CSS más importantes que debes conocer como diseñador de interfaz de usuario. Estos elementos son los que hemos estado estudiando a lo largo del libro, es decir, el color, la fuente, el tamaño de la imagen, el icono de los enlaces, etc. Incluso si no quieres entrar en la profundidad de HTML y CSS, aprender algunos elementos, aunque importantes, no te hará daño. Nunca se sabe; puede que te ayuden en tu carrera de diseño visual.

¿Cómo se utilizan los colores en CSS?

Para utilizar colores en CSS, se utiliza la propiedad color. La propiedad color se puede utilizar con los siguientes valores:

- un valor hexadecimal, como "#ff0000" o "#000

- un valor rgb, como "rgb(255,0,0)" o "rgb(0,0,0)";

- Un valor hsl, como "hsl(0,100%,50%)" o "hsl(0,0%,0%)".

Por ejemplo, si quieres colorear un elemento en rojo, puedes hacerlo así:

```
element {

color: #ff0000;

}
```

¿Cómo se utilizan las fuentes en CSS?

Para utilizar fuentes en CSS, se utiliza la propiedad font-family. La propiedad font-family puede utilizarse con los siguientes valores:

- Un nombre de fuente específico, como **"times new roman"** o **"arial"**;

- Una familia de fuentes genérica, como **"serif"** o **"sans-serif"**;

Por ejemplo, si quieres utilizar la fuente Times New Roman, puedes hacerlo así:

```
element {

font-family: "times new roman";

}

Si quieres usar una fuente genérica sans-
serif, puedes hacerlo así:

element {

font-family: sans-serif;

}
```

¿Qué es una clase CSS?

Una clase CSS es una forma de definir un conjunto de reglas de estilo que pueden aplicarse a varios elementos.

Para crear una clase CSS, se utiliza la sintaxis .className. Por ejemplo, si quieres crear una clase llamada "Intro", lo harías así:

```
.intro {

color: red;

}
```

A continuación, puede aplicar esa clase a cualquier elemento de su página de esta manera:

```
<p class="intro">This is a paragraph with the intro class applied.</p>
```

El nombre de la clase "intro" puede aplicarse a múltiples elementos, y todos esos elementos tendrán las mismas reglas de estilo aplicadas a ellos.

¿Cómo Funciona el Formato de Texto en CSS?

Las siguientes propiedades controlan el formato del texto en CSS:

- La propiedad font-family, que define el tipo de letra a utilizar;

- La propiedad font-size, que define el tamaño del texto;

- La propiedad color, que define el color del texto;

- Y la propiedad text-align, que define cómo se alinea el texto.

Por ejemplo, la siguiente regla haría que todos los párrafos de una página utilizaran la fuente Times New Roman, tuvieran un tamaño de 16px y estuvieran alineados a la izquierda:

```
p {

font-family: "Times New Roman";

font-size: 16px;

color: black;

text-align: left;

}
```

¿Cómo se Añaden los Iconos en CSS?

Una forma de añadir un icono en CSS es utilizar la propiedad background-image. Por ejemplo, si quieres añadir un icono de un globo terráqueo, puedes hacerlo así:

```
.icon {

background-image: url("globe.png");

}
```

Otra forma de añadir un icono en CSS es utilizar la propiedad font-family. Por ejemplo, si quieres añadir un icono de un corazón, puedes hacerlo así:

```
.icon {

font-family: "Heart";
```

```
    }
```

¿Puede Añadir Iconos desde un Enlace en Internet?

Sí, puede añadir iconos desde un enlace en Internet utilizando la propiedad background-image. Por ejemplo:

```
.icon {

background-image:
url("http://example.com/heart.png");

}
```

¿Cómo Funcionan las Barras de Navegación en CSS?

Las barras de navegación se crean con la etiqueta nav. La etiqueta nav se utiliza para crear un elemento a nivel de bloque que contiene uno o más enlaces.

Los enlaces de una barra de navegación pueden estilizarse utilizando las propiedades CSS que se indican a continuación:

- La propiedad color, que define el color del texto;

- La propiedad background-color, que define el color de fondo de la barra de navegación;

- La propiedad border, que define el borde de la barra de navegación;

- Y la propiedad padding, que define la cantidad de espacio entre los enlaces y el borde de la barra de navegación.

Por ejemplo, la siguiente regla CSS haría que todas las barras de navegación tuvieran un color de fondo negro, texto blanco y un borde negro sólido de 1px:

```
nav {

background-color: black;

color: white;

border: 1px solid black;

}
```

Casilla de Verificación y Botón de Radio personalizados:

Las casillas de verificación y los botones de radio personalizados son elementos HTML que permiten al usuario seleccionar una o varias opciones de una lista. Las opciones de la lista pueden mostrarse horizontal o verticalmente, y a cada opción se le puede dar un valor personalizado. Las casillas de verificación y los botones de radio pueden ser estilizados usando CSS para que coincidan con el aspecto del resto de la página web.

HTML and CSS code for a custom checkbox and custom radio button.

Custom Checkbox and Radio Buttons

☑ Checkbox 1 ☐ Checkbox 2 ☐ Checkbox 3 ○ Radio Button 1 ○ Radio Button 2 ○ Radio Button 3

Verás esta imagen en tu navegador web cuando ejecutes el siguiente código.

Código HTML y CSS para una casilla de verificación y un botón de radio personalizados.

```html
<!DOCTYPE html>

<html lang="en">

<head>

<meta charset="UTF-8">

<link href="new1.css" rel="stylesheet">

<title>Custom Checkbox and Radio
Buttons</title>

 </head> <body>

<h1>Cuadros de selección y botones de radio
personalizados</h1> <!-- para añadir un
contenedor para las imágenes -->

<div class="container"> <!-- this class
styles the container --> <!-- first custom
checkbox -->

<input type="checkbox" id="check1"> <label
for="check1">Checkbox 1</label> <!-- second
custom checkbox -->

<input type="checkbox" id="check2"> <label
for="check2">Checkbox 2</label> <!-- third
custom checkbox -->

<input type="checkbox" id="check3"> <label
for="check3">Cuadro 3</label> <! -- primer
botón de radio personalizado -->
```

```html
<input type="radio" id="radio1"> <label
for="radio1">Botón de radio 1</label> <!--
segundo botón de radio personalizado -->

<input type="radio" id="radio2"> <label
for="radio2">Botón de radio 2</label> <!--
tercer botón de radio personalizado -->

<input type="radio" id="radio3"> <label
for="radio3">Botón de radio 3</label> </div>
<body> </html>
```

Código CSS:

```css
h1 {

font-size: 24px;

font-family: sans-serif;

color: black; } /* para estilizar el
contenedor de las casillas de verificación y
los botones de radio */

.container {

width: 500px; /* establece el ancho del
contenedor */

height: 375px; /* establece la altura del
contenedor */

} /* para dar estilo a cada casilla de
verificación en el contenedor */


container input {
```

```
margin: 10px; /* añade un margen alrededor
de cada casilla de verificación */

}
```

Menú desplegable:

Un menú desplegable es una lista de opciones que el usuario puede seleccionar. Las opciones de la lista se muestran en un estilo "desplegable", en el que sólo es visible una opción a la vez. Las demás opciones se ocultan cuando el usuario hace clic en una opción. Los menús desplegables se utilizan a menudo para la navegación, donde el usuario puede elegir entre una lista de páginas para visitar. Los menús desplegables también pueden utilizarse para otros fines, como la selección de un elemento de una lista de opciones.

Dropdown menu

Si ejecuta el código siguiente, verá este menú desplegable en tu navegador.

Código HTML y CSS para crear un menú desplegable:

```
<!DOCTYPE html>

<html lang="en">

<head>

<meta charset="UTF-8">

<link href="new1.css" rel="stylesheet">

<title>Dropdown menu</title>


 </head> <body> <!-- para añadir un
encabezado -->

<h1>Dropdown menu</h1> <!-- para añadir un
menú desplegable -->

<select class="dropdown"> <!-- la clase
"dropdown" se utiliza para estilizar la caja
-->

<option>One</option> <!-- primera opción del
menú desplegable -->

<option>Two</option> <!-- segunda opción del
menú desplegable -->

<option>Three</option> <!-- tercera opción
del menú desplegable -->

</select>
```

```
</body> </html>

h1 {

font-size: 24px;

font-family: sans-serif;

color: black;

} / * para estilizar el cuadro desplegable
*/


.dropdown {

width: 200px; /* establece la anchura del
cuadro desplegable */

height: 30px; /* establece la altura del
cuadro desplegable */

border: 1px solid black; /* da un borde al
cuadro desplegable */

padding: 5px 10px; /* añade algo de relleno
dentro del cuadro desplegable */

} /* para estilizar las opciones del cuadro
desplegable */

.dropdown option {

color: black; /* colorea de negro el texto
de cada opción*/

}
```

```
.dropdown option {

color: black; /* colorea de negro el texto
de cada opción*/

}
```

Botón Hover:

Un botón hover es un botón que cambia de aspecto cuando el usuario pasa por encima de él con el ratón. Los botones Hover se utilizan habitualmente en la navegación, donde el usuario puede ver una lista de opciones y elegir una. Los botones Hover también pueden utilizarse para otros fines, como mostrar un menú de opciones cuando el usuario hace clic en el botón.

Hover Button

Click me!

Before hovering

Hover Button

Click me!

<u>*Después de la navegación.*</u>

Este elemento es un buen elemento de interfaz de usuario. Como usuario, necesitas poder ver si un componente en el que haces clic funciona realmente y qué mejor manera de mostrarlo que cambiando el color de ese botón cuando pasas el cursor por encima. ¡Usabilidad!

Código HTML y CSS para el cambio de color cuando el cursor pasa por encima de un botón:

```html
<!DOCTYPE html>

<html>

<head>

<style>

.button {

  padding: 10px 30px;

  text-align: center;

  text-decoration: none;

  display: inline-block;

  cursor: pointer;

}


.mybutton {

  background-color: #ff0066;

  color: black;


}
```

```
.mybutton:hover {

  background-color: #ff99cc;

  color: black;

}

}

</style>

</head>

<body>


<h2>Hover Button</h2>

<button class="mybutton">Click me!</button>

</body>

</html>
```

Código HTML para la navegación con migas de pan:

La navegación con migas de pan es una forma de mostrar la ubicación actual dentro de una jerarquía. Las migas de pan suelen mostrarse como una lista de enlaces, siendo la ubicación actual el último enlace de la lista. La navegación de migas de pan puede ayudar al usuario a entender su ubicación actual dentro de un sitio web o aplicación y proporcionar una manera fácil de navegar de vuelta a las ubicaciones anteriores.

¿Recuerdas el diseño que hicimos en el capítulo 4? Bien, si ejecutas el siguiente código, este es el aspecto que debería tener la barra de navegación.

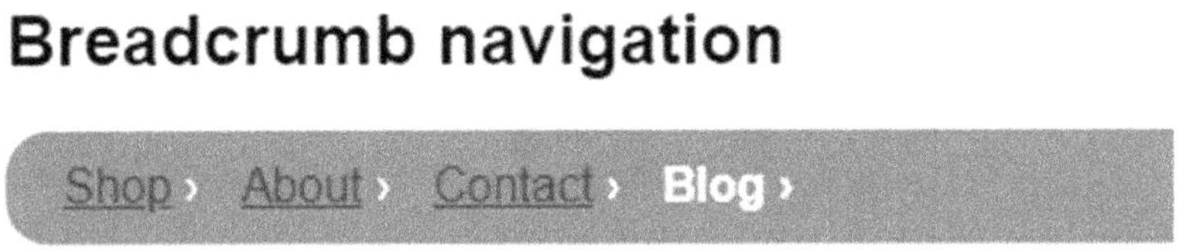

Breadcrumb navigation

Shop › About › Contact › **Blog** ›

Código HTML y CSS para hacer la navegación con migas de pan:

```
<!DOCTYPE html>

<html lang="en">

<head>

<meta charset="UTF-8">

<title>Breadcrumbs</title>

<style type="text/css">

/* para dar el tamaño de la fuente, el peso,
la familia y el color al encabezamiento */
```

```css
h1 {

font-size: 24px;

font-weight: bold;

font-family: sans-serif;

color: black;

}

/* dar el relleno, el color de fondo y el
radio del borde al contenedor de migas de
pan */

.breadcrumbs {

padding: 10px 10px 10px 20px;

background-color: lightgrey;

border-radius: 15px;

}

/* para dar el tamaño de la fuente, el peso,
la familia y el color a los elementos de las
migas de pan */

.breadcrumbs li {

font-size: 16px;

font-weight: normal;

font-family: sans-serif;

color: black;
```

```css
}

/* para mostrar los elementos de la lista en
una fila */

.breadcrumbs li {

display: inline-block; /* necesario para el
espacio entre los elementos de la lista */

}

/* para añadir una flecha hacia la derecha
después de cada elemento de la lista */

.breadcrumbs li::after {

content: " › ";/* para añadir la flecha de
la derecha */

}

/* para dar un estilo diferente al último
elemento de la lista */

.breadcrumbs li:last-child {

font-weight: bold;

}

</style>

</head>

<body>
```

```html
<h1>Breadcrumb navigation</h1>

<!-- Esto es el contenedor de migas de pan!
-->

<ol class="breadcrumbs"> <!-- primer
elemento de la lista -->

<li><a href="#">Home</a></li> <!—segundo
elemento de la lista -->

<li><a href="#">Tutorials</a></li> <!—tercer
elemento de la lista -->

<li><a href="#">CSS</a></li> <!—cuarto
elemento de la lista -->

<li>Breadcrumbs</li> <!-- quinto (y último)
elemento de la lista que no es un enlace -->

</ol>

</body>

</html>

/* para añadir espacio entre los elementos
de la lista */

li {

margin-right: 10px; /* añade un espacio a la
derecha de cada elemento de la lista */

color: black; /* colorea el texto en negro
*/

}
```

Como puedes ver, al igual que la navegación, hemos hecho una lista de los enlaces de navegación. Pero aquí, el CSS hace el trabajo real. Los elementos "after" y "last_child" toman el icono ">" después de cada enlace para que el usuario sepa en qué parte del sitio web se encuentra actualmente.

Código HTML y CSS para el desplegable cuando el cursor pasa por encima:

Antes de que el cursor se sitúe

Dropdown

Después de que el cursor pase por encima

Dropdown
Link 1
Link 2
Link 3

Esto también es un gran elemento de UX, ya que ayuda a ofrecer una experiencia de navegación muy fluida y fácil para el usuario.

Cuadro de diálogo emergente o modal:

Un modal es un cuadro de diálogo que aparece en la pantalla, normalmente como respuesta a que el usuario haga clic en un botón. Los modales se utilizan para mostrar información adicional o para pedir al usuario que introduzca datos. Los modales pueden ser estilizados usando CSS para que coincidan con el aspecto del resto de la página web.

Cuando ejecute el código siguiente, verá que se abre una ventana emergente o un cuadro de diálogo como el que se muestra a continuación.

Así que, sin más preámbulos, empecemos con nuestra tarea.

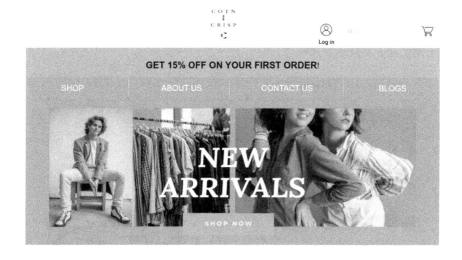

Disposición:

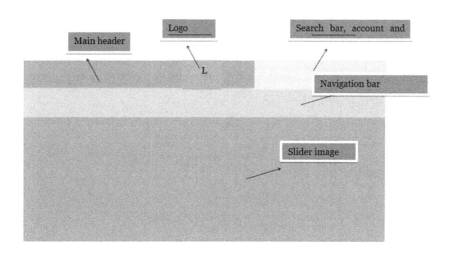

Nuestro diseño se compone de estos elementos:

- La barra superior sobre la navegación:

- Imagen deslizante

- Barra de búsqueda

- Carrito

- Inicio de sesión en la cuenta

- Barra de navegación

- Botones de compra

Vamos a fabricar estos elementos de interfaz de usuario, así que ¡comencemos a programar!

Bien, voy a empezar con la barra superior donde tenemos nuestro logo, la barra de búsqueda, el carrito y la información de la cuenta.

Abra su bloc de notas y comience a escribir el código HTML. Este es el código de la página principal; por lo tanto, guardaremos el archivo como index.html

```
<!DOCTYPE html>

<html lang="en">

  <head>

    <meta charset="utf-8">

      <link href="css.css"
rel="stylesheet">
```

```html
<div class="top-bar">

  <div class="container">

    <div class="row">

      <div class="col-6">

        <a href="#" class="logo"><img
src="C:\Users\sandh\Downloads\white.png"
alt="girl" style="width: 50px; height:
45px;"</a>

      <div class="col-6">

        <form>

          <input type="text"
placeholder="Search">

          <!--<button type="submit"><i
class="fa fa-search"></i></button>-->

        </form>

        <a href="#" class="account">My
Account</a>

        <a href="#" class="cart"><i
class="fa fa-shopping-cart"></i>
Cart</a></div>

        </div>

</div>

    </div>

</div>
```

Bien, como hemos mencionado antes, esta es la barra superior, y tiene cuatro componentes en ella:

- El logotipo

- Barra de búsqueda

- Mi cuenta

- Cesta de la compra

Llamé a este conjunto completo **barra superior** y lo encerré en el elemento **"división"** ya que estos elementos son un grupo completo entrelazado en la barra superior.

Esto muestra el logotipo que se ve en la barra superior. El logo está guardado en mi disco local, por lo que le he dado la ruta y he establecido su ancho y alto a 50 px y 45 px.

```
<a href="#" class="logo"><img
src="C:\Users\sandh\Downloads\white.png"
alt="girl" style="width: 50px; height:
45px;"</a>

A continuación, la barra de búsqueda

      <form>

        <input type="text"
placeholder="Search">

        <!--<button type="submit"><i
class="fa fa-search"></i></button>-->

      </form>
```

He utilizado la etiqueta de formulario para la barra de búsqueda ya que es un elemento de entrada. También he utilizado un botón llamado **submit.** Así, una vez introducida la consulta, puedes pulsar este botón. Tener este botón es innecesario ya que puedes simplemente introducir la **clave** desde tu teléfono móvil o teclado.

Lo siguiente es el icono o enlace de la cuenta y el icono o enlace del carrito. He utilizado un **enlace** simple para mostrar estos elementos.

```
<a href="#" class="account">My
Account</a>

<a href="#" class="cart"><i
class="fa fa-shopping-cart"></i>
Cart</a></div>
```

Puedes añadir un icono a estas clases si quieres y luego añadir un enlace a ese ICONO O IMAGEN. Ejecutando este código se mostrará la siguiente imagen.

El siguiente paso es añadir la barra que muestra un mensaje de texto que indica al usuario que obtendrá un 50% de descuento

Para ello he utilizado simplemente una etiqueta de párrafo

```
<p class="blink">OBTENGA UN 15% DE DESCUENTO
EN SU PRIMER PEDIDO</p>
```

Es interesante ver una clase etiquetada como "parpadeo". Para atraer a los usuarios a esta oferta, he estilizado el texto para que parpadee. Aquí es donde entra en juego tu CSS.

161

```
.blink {

        animation: blinker 1.5s linear
infinite;

    }

    @keyframes blinker {

    50% {

        opacity: 0;

    }
```

La clase de parpadeo muestra cuánto tiempo se ejecutará esta animación y cuál debe ser la opacidad. La regla **@keyframes** se utiliza para definir el código de la animación. La animación se crea cambiando gradualmente de un conjunto de estilos CSS a otro. Puedes cambiar el conjunto de estilos CSS durante la animación muchas veces.

Ejecutando este código nos mostrará un mensaje de texto parpadeante en una barra

Después de esto, tenemos nuestra pestaña de navegación. Nuestra pestaña de navegación consta de una tienda, de páginas sobre nosotros, de contacto y de un blog.

```
<ul>

<li><a href="default.asp">Shop</a></li>
```

```
<li><a href="news.asp">About us</a></li>

<li><a href="contact.asp">Contact
us</a></li>

<li><a href="about.asp">Blog</a></li>

</ul>
```

Para ello, he utilizado los elementos *ul* y *li.* La etiqueta ul en HTML se utiliza para crear una lista desordenada. Esta lista puede contener elementos con viñetas, o puede ser una lista anidada contenida dentro de otra etiqueta ul. La etiqueta li en HTML se utiliza para crear un elemento de lista. Este elemento de lista puede estar contenido en una lista ordenada o desordenada. Las etiquetas li deben estar incluidas dentro de la etiqueta ul. La etiqueta *a href* define un hipervínculo. El hipervínculo apunta a otra ubicación en la web, ya sea en el mismo sitio o en un sitio diferente. La etiqueta **href** se utiliza para crear enlaces entre páginas de la web.

El estilo CSS para este código HTML es:

```
ul {

    list-style-type: none;

    height: 50px;


    overflow: hidden;

    display: block;

    margin-top: -16px;
```

```css
    margin-left: 0px;

    margin-right: 0px;

    background-color: #D790E8;

    padding: 0px;

    margin-bottom: 0px;

}


li {

  float: left;

    padding-left: 50px;

    font-size: 20px;

    font-family: serif;

    padding-top: 20px;

}

li a {

  display: block;

  margin-top:-60px;

  padding: 60px;

  color: white;

}
```

Ahora vamos a discutir cada elemento de este código:

En primer lugar, todo lo que se escriba en el bloque **ul{}** dará estilo al bloque completo. El color de fondo: **#D790E8;** el color de este bloque es púrpura. Verás dos elementos que es muy importante entender aquí: el relleno y el margen. El relleno es el espacio entre el contenido de un elemento y el borde de ese elemento. El relleno se puede añadir a todos los lados de un elemento (arriba, derecha, abajo e izquierda). El relleno se utiliza a menudo para crear espacio alrededor de los elementos de una página, haciéndolos más visibles y más fáciles de interactuar. Por ejemplo, he escrito padding: 0px;

Esto significa que no estoy dando espacio entre el borde dc la ul y el contenido dentro del elemento **Ul** que son los enlaces.

Y si quieres dar a tu elemento algún espacio desde otro elemento, puedes usar la propiedad margin. Por ejemplo, puedo usar la propiedad margin si quiero dar un pequeño espacio entre la barra de navegación y el contenedor exterior. Usted puede establecer el margen para la parte superior, inferior, izquierda y derecha

Pasando al bloque **li{},** este bloque especifica propiedades para el bloque de los cuatro enlaces. Aquí hay un elemento que debes entender, y es la propiedad float. Usando el atributo float, un elemento puede ser configurado para deslizarse a la derecha o a la izquierda o no moverse en absoluto.

Al ejecutar el código anterior se mostrará:

Ahora el paso final es crear el banner de la imagen. Ya he hecho esta imagen en Canva. Usted puede encontrar aquí:

He hecho un botón **Shop now** en la imagen, pero también puedes hacerlo por separado. Te mostraré cómo hacerlo.

```
<body>

<div class='header_box'>

    <div class='header'>

    <img class="myimage"
src="C:\Users\sandh\Downloads\Beige Paper
Texture Bath & Body eCommerce Web
Banner.png" alt="dd" width="100%"
height="auto"/>

    </div>

</div>

<!---->

</body>\
```

Recuerde la plantilla de diseño de la que hablamos. Bien, la imagen tiene que estar encerrada en el cuerpo. La navegación y las dos barras estaban encerradas en la cabeza. Pero ahora hemos pasado a la parte del cuerpo. Así que encierra el código de la imagen en las etiquetas del cuerpo.

Tengo la imagen en una clase div llamada **"header"**; de esta manera, será fácil para usted jugar con esta clase div en la forma que queramos.

166

En la clase img, src significa la fuente del archivo. Mi imagen se ha guardado en esta ruta **C:\Users\sandh\Downloads\Beige Paper Texture Bath & Body eCommerce Web Banner.png.** También puede añadir un enlace web aquí. He establecido el ancho al 100%, lo que significa que el ancho se mostrará de acuerdo con el diseño del navegador web.

La creación de un sitio web de comercio electrónico puede dividirse en dos partes: el front-end y el back-end. El front-end es lo que el usuario ve y con lo que interactúa, **mientras** que el back-end es donde ocurre toda la magia detrás de escena. En este capítulo, hemos hablado de la creación del back-end. Y honestamente, ¡toda la magia ocurre aquí!

¡Reflexiones Finales!

A estas alturas, deberías entender qué es la programación UX y cómo puede ayudarte a crear mejores diseños UI/UX. Recuerda que la programación UX tiene como objetivo hacer que la experiencia del usuario sea más eficiente y eficaz. Y ten siempre presentes los tres principios clave de la programación UX: simplicidad, coherencia y retroalimentación.

Simplicidad:

El primer principio de la programación UX es la simplicidad. Esto significa que la interfaz de usuario debe ser fácil de entender y utilizar. Debe estar libre de desorden y características innecesarias. El objetivo es que la experiencia del usuario sea lo más eficiente y eficaz posible.

Consistencia:

El segundo principio de la programación UX es la coherencia. Esto significa que la interfaz de usuario debe ser coherente en todos los dispositivos y plataformas. Debe utilizar la misma terminología, iconos y diseño en todos los dispositivos. El objetivo es que la experiencia del usuario sea lo más coherente posible.

Feedback:

El tercer principio de la programación UX es la retroalimentación. Esto significa que la interfaz de usuario debe proporcionar retroalimentación al usuario. La retroalimentación puede ser en forma de mensajes de error, mensajes de confirmación o simplemente notificaciones. El objetivo es que la experiencia del usuario sea lo más eficaz posible.

Tarea Práctica

Sigue construyendo esta página web. Añade nuevos elementos. Recuerda el boceto a lápiz que hicimos en el capítulo 2. Bien, haz esos elementos restantes en HTML y CSS.

Capítulo 10

Diseñar a Través de Herramientas de Prototipos

En este capítulo, hablaremos de:

- Las herramientas UI/UX

- ¿Cómo diseñan los diseñadores de IU los prototipos?

- Herramientas de prototipos de UI en HTML y CSS

- Las 10 mejores herramientas de interfaz de usuario

- Tarea práctica

> *El diseño añade valor más rápido que los costos".*
> *-- Joel Spolsky, creador de Trello*

¿Qué Son las Herramientas de UI/UX?

Las herramientas de interfaz de usuario (UI) y de experiencia de usuario (UX) son programas de software que ayudan a los diseñadores a crear sitios web y aplicaciones que son fáciles de usar y proporcionan una gran experiencia de usuario. Las herramientas de interfaz de usuario se centran en el aspecto del sitio web o la aplicación, mientras que las herramientas de experiencia de usuario se centran en la experiencia del usuario al utilizar el sitio o la aplicación. Existen muchos tipos diferentes de herramientas UI/UX, y la mejor para ti dependerá de tus necesidades específicas.

A la hora de elegir una herramienta UI/UX, es importante tener en cuenta tu presupuesto, las características que necesitas y la facilidad de uso de la herramienta. Hay muchas herramientas de UI/UX en el mercado, así que tómate tu tiempo para encontrar la más adecuada para ti.

¿Cómo Diseñan los Diseñadores de UI los Prototipos?

Hay algunas cosas que hay que tener en cuenta a la hora de diseñar prototipos de interfaz de usuario. En primer lugar, el prototipo debe ser fácil de usar y entender. En segundo lugar, debe ser visualmente atractivo y atrayente. Y por último, debe ser capaz de transmitir el mensaje del producto o servicio con claridad. Para crear un buen prototipo, los diseñadores de interfaz de usuario deben entender a fondo el diseño y la experiencia del usuario. También deben estar familiarizados con diversas herramientas y software de creación de prototipos.

¿Necesitan los Diseñadores de UI Aprender Algún Lenguaje de Programación para Hacer Prototipos de UI?

No, los diseñadores de interfaz de usuario no necesitan aprender a codificar. Sin embargo, saber codificar puede ser útil cuando se trata de entender los aspectos técnicos de la creación de prototipos y de crear un prototipo que funcione. Además, saber codificar también puede facilitar la comunicación con los desarrolladores durante el proceso de diseño.

Herramientas HTML y CSS vs. Prototipos de UI: ¿Por cuál Debería Decidirme?

No hay una respuesta única a esta pregunta, ya que depende de tus necesidades y preferencias específicas. Si buscas una herramienta que te ayude a crear rápidamente un prototipo de tu sitio web o aplicación, puedes considerar el uso de una herramienta de prototipos de interfaz de usuario. Por otro lado, si quieres tener más control sobre el proceso de diseño y desarrollo, entonces puede que quieras usar HTML y CSS. HTML y CSS se utilizan mejor cuando eres nuevo en la industria, o tu proyecto es de pequeño alcance. Pero si tienes más experiencia, entonces una herramienta de prototipos de interfaz de usuario puede ser una mejor opción, ya que te ahorrará tiempo a largo plazo.

Algunas de las herramientas UI/UX más populares son las herramientas de wireframing, los constructores de prototipos, los marcos de diseño y las guías de estilo. Las herramientas de wireframing ayudan a los diseñadores a crear diseños básicos para sus sitios web o aplicaciones. Los creadores de prototipos permiten a los diseñadores crear prototipos interactivos de sus diseños para que los usuarios puedan probarlos. Los marcos de diseño proporcionan una estructura que los diseñadores deben seguir al crear sus diseños. Y las guías de estilo ayudan a los diseñadores a mantener un aspecto coherente en todo su sitio web o aplicación.

Las 10 Mejores Herramientas de Prototipos de UI según EE.UU. (Sí, en realidad, se hizo una gran investigación al respecto)

Como ya se ha mencionado mil veces, los prototipos son una excelente manera de crear rápidamente un modelo de trabajo de su sitio web o aplicación. Pueden ahorrarte tiempo y ayudarte a crear una mejor experiencia de usuario. A través de los prototipos, los diseñadores visuales pueden explorar diferentes opciones de diseño y probar la viabilidad de una idea. Y los desarrolladores pueden utilizar los prototipos para crear un modelo de trabajo de una aplicación antes de comenzar el proceso de codificación.

Hay muchas herramientas de prototipado disponibles en el mercado, y puede ser difícil elegir la adecuada para tu proyecto. Para ayudarte a tomar una decisión, hemos elaborado una lista de las 10 mejores herramientas de prototipado.

1. Balsamiq Mockups

Balsamiq Mockups es una herramienta de wireframing que permite a los diseñadores crear diseños básicos de sus sitios web o aplicaciones. Ofrece una amplia gama de características y es relativamente fácil de usar, por lo que es una buena opción para los principiantes. Con Balsamiq Mockups se pueden crear fácilmente prototipos que se pueden hacer clic.

Pros:

- Interfaz de usuario sencilla y fácil de usar
- Viene con una amplia gama de características

- La función de arrastrar y soltar facilita la creación de prototipos

Contras:

- La versión gratuita tiene funciones limitadas

2. Adobe XD:

Adobe XD es una potente herramienta para crear prototipos de alta fidelidad. Ofrece una amplia gama de funciones, como herramientas de dibujo basadas en vectores, símbolos y herramientas de colaboración. Además, se integra con otros productos de Adobe, lo que facilita la creación de prototipos que se parecen al producto final.

Pros y contras de usar Adobe XD:

Pros:

- Amplia gama de funciones
- Herramientas de dibujo basadas en vectores
- Se integra con otros productos de Adobe

Contras:

- Más caro que otras herramientas de prototipos

3. InVision:

InVision es una popular herramienta para crear prototipos y colaborar con los miembros del equipo. Ofrece una amplia gama de funciones, como la colaboración en tiempo real, el control de versiones y los comentarios. Además, se integra con un amplio surtido de herramientas, lo que facilita la generación de un modelo que se parezca al producto real.

Pros y contras del uso de InVision:

Pros:

- Grandes características
- Colaboración en tiempo real
- Se integra con una amplia gama de herramientas

Contras:

- Puede resultar caro para los equipos grandes

4. Justinmind:

Justinmind es una herramienta de diseño para producir modelos de alta fidelidad. Ofrece una amplia gama de funciones, que incluyen herramientas de ilustración basadas en vectores, iconos y herramientas de trabajo en equipo. Y al igual que otras herramientas, también se asimila con otros plugins fácilmente

Pros y Contras de Usar Justinmind:

Pros:

- Variedad de funciones
- Variedad de herramientas de ilustración
- Se integra con otros productos de Adobe

Contras:

- Más caro que otras herramientas de prototipos

5. Moqups:

Moqups es una forma rápida y sencilla de crear wireframes y prototipos. Tiene una interfaz de usuario sencilla que hace que sea fácil empezar. Y viene con una amplia gama de características, incluyendo arrastrar y soltar, símbolos y herramientas de colaboración.

Pros y Contras del uso de Moqups:

Pros:

- Interfaz de usuario sencilla y fácil de usar
- Viene con una amplia gama de características
- La función de arrastrar y soltar facilita la creación de prototipos

Contras:

- La versión gratuita tiene funciones limitadas

6. Mockplus:

Similar a Moqups, Mockplus es una forma rápida y sencilla de generar wireframes, maquetas y prototipos. Tiene una interfaz de usuario sencilla que hace que sea fácil empezar. Y viene con una amplia gama de características, incluyendo símbolos, herramientas de colaboración, y una biblioteca de activos incorporados.

Pros y Contras del uso de Mockplus:

Pros:

- Interfaz de usuario sencilla y fácil de usar
- Viene con una amplia gama de funciones
- Una biblioteca de activos integrada facilita la búsqueda de los recursos adecuados para su proyecto

Contras:

- La versión gratuita tiene funciones limitadas

7. Axure RP:

Axure RP agiliza los procesos de wireframing y desarrollo, ayudando a las empresas a crear mejores productos digitales. Permite a los diseñadores realizar el planteamiento avanzado de sitios web y aplicaciones en resoluciones que van de baja a alta sin escribir ningún código.

Axure RP ofrece un mecanismo de referencia completo además de todo lo necesario para diseñar los gráficos, las interacciones y la organización. Esta herramienta permite un seguimiento constante de las ideas, actividades y otros materiales cruciales organizados y disponibles para cualquiera que los necesite.

8. WebFlow

Tenemos prejuicios con esto, pero también entendemos que quieres un proceso creativo más rápido y eficiente, así que estamos aquí para apoyarte.

Webflow maneja dos tareas a la vez. Puede desarrollar una página web funcional con HTML, CSS y Java relacionado mientras diseña y produce un modelo de alta calidad. En lugar de un mero prototipo, obtendrá el producto real.

9. Sketch

Sketch es un software de dibujo y animación vectorial muy popular entre los diseñadores de interfaces de usuario. Ofrece una amplia gama de funciones y es relativamente fácil de usar, por lo que es una buena opción tanto para los principiantes como para los diseñadores más experimentados. Sketch también te permite crear prototipos clicables de tus diseños. Algunos de los contras de esta herramienta es que puede ser difícil de aprender si no estás familiarizado con el software de dibujo vectorial, y sólo está disponible para Mac.

10. Origami Studio

Facebook ofreció la plataforma de prototipos gratuita Origami Studio tras crearla como requisito para sus diseñadores.

Origami Studio ofrece sólidas capacidades de creación de prototipos para sitios web y aplicaciones móviles a los desarrolladores que necesitan un marco más complejo. El Patch Builder, que es el corazón de Origami Studio, permite crear conceptos lógicos, comportamientos, movimientos e interactividad. Cada parche sirve como un elemento de construcción de iteración rápida para su diseño.

Adobe Photoshop es un editor de gráficos rasterizados muy utilizado, y por una buena razón: es bastante fácil de usar y ofrece una amplia gama de funciones. Sin embargo, el uso de Adobe Photoshop también presenta algunos inconvenientes. Una de las desventajas es que puede ser caro: el software no es barato y, además, hay que pagar una suscripción para utilizarlo. Además, Adobe Photoshop puede ser un poco abrumador para los principiantes, ya que hay una curva de aprendizaje muy pronunciada. Pero si estás dispuesto a dedicar tiempo a aprenderlo, Adobe Photoshop puede ser una gran herramienta para el diseño de interfaces de usuario.

Además de estas plataformas, los diseñadores también utilizan JavaScript, HTML y CSS para crear prototipos. Algunas de las herramientas UI/UX más populares utilizadas por los diseñadores son las herramientas de wireframing, los constructores de prototipos, los marcos de diseño y las guías de estilo. Las herramientas de wireframing ayudan a los diseñadores a crear diseños básicos para sus sitios web o aplicaciones. Los creadores de prototipos permiten a los diseñadores crear prototipos interactivos de sus diseños para que los usuarios puedan probarlos. Los marcos de diseño proporcionan una estructura que los diseñadores deben seguir al crear sus diseños. Y las guías de estilo ayudan a los diseñadores a mantener un aspecto coherente en todo su sitio web o aplicación.

A la hora de elegir la mejor herramienta UI/UX para tus necesidades, es importante tener en cuenta tu presupuesto, las características que necesitas y la facilidad de uso de la herramienta. Hay muchas herramientas de UI/UX excelentes.

Empecemos nuestra tarea práctica:

Ve a Balsamiq.com (https://balsamiq.com/) y descarga el software para el escritorio.

Aquí tienes el enlace para ello.
https://balsamiq.com/wireframes/desktop/

Después de instalar el software en tu ordenador, ábrelo. Debería verse como la siguiente imagen.

Este es el aspecto del wireframe de Balsamiq.

Empecemos a hacer nuestro primer proyecto en él. Nada más abrir Balsamiq, la interfaz se parece a esto.

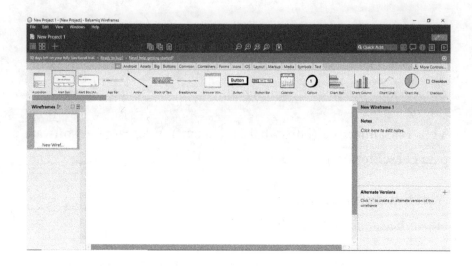

Ahora permítanme darles un breve resumen de todos los elementos que ofrece Balsamoiq.

En la parte superior, verás una barra que muestra los elementos de interfaz de usuario que proporciona Balsamiq. Aquí encontrarás la **MAYORÍA** de los elementos de UI que hemos discutido a lo largo del libro. Por eso me encanta Balsamiq. Es fácil de usar y proporciona al usuario un diseño y una visualización muy eficientes.

Bien, como puedes ver, he hecho clic en la pestaña **"Todo "**, que muestra los elementos de interfaz de usuario, tales como Acordeón (menú desplegable o menú plegable) y la caja de alerta, que hemos discutido en los capítulos anteriores, se puede ver la navegación de **migas de pan**.

Así que básicamente, sólo tienes que arrastrar estos elementos en tu wireframe seleccionado.

Hablando de **wireframes**, Balsamiq también te ofrece opciones para elegir diseños como el de teléfonos móviles o el de escritorio o web. Por favor, ve la imagen de abajo para una mejor comprensión.

Para nuestro ejercicio, he elegido **el diseño del wireframe de la ventana del navegador.**

Bien, ahora, tras elegir la ventana del navegador, tu interfaz de Balsamiq debería tener este aspecto:

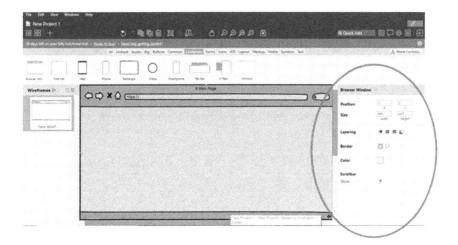

En el lado derecho, puede ver las opciones del **elemento.** Desde aquí puede personalizar el elemento elegido. Por ejemplo, puedes cambiar el tamaño del wireframe de la ventana del navegador o adelantarlo o retrasarlo. También puedes cambiar el color.

Ahora, si miras el boceto que hicimos de nuestra página de inicio de e-commerce, hay una barra superior seguida por otra barra que destella un texto que es seguido por la barra de navegación y luego la imagen de cabecera.

Para la barra superior que consiste en un logo, una barra de búsqueda, información de la cuenta y el carrito, seleccioné la opción de rectángulo de la barra de "contenedores"

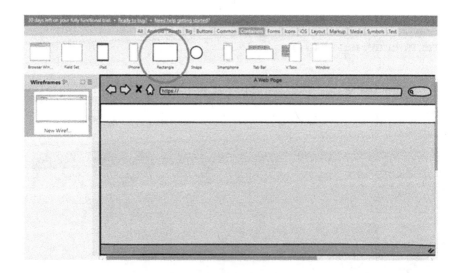

Después de esto, **inserté la barra de búsqueda**, la cuenta de usuario y los símbolos del carrito. También inserté el elemento de la imagen. Si haces **"doble clic"** en el elemento imagen, podrás subir una imagen directamente desde tu ordenador en ese marcador de posición.

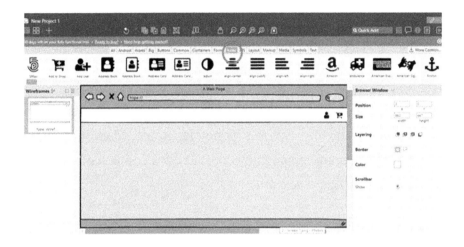

Consejo profesional:

En lugar de abrir una pestaña individual cada vez.
Simplemente busque el elemento de la interfaz de usuario
en el campo "Añadir rápidamente".

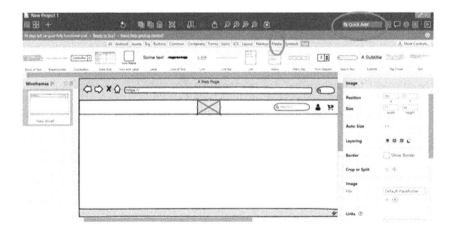

Encontrarás el elemento de imagen desde la pestaña **"media"**, pero prefiero que lo busques desde el campo de entrada de adición rápida.

Así que ya está, hemos insertado nuestros elementos que conforman la barra superior de nuestra página de inicio.

Ahora pasamos a la segunda barra, que contiene el texto parpadeante (aquí no vamos a poner la propiedad de parpadeo). Arrastra el elemento rectángulo como hicimos con la barra superior e inserta el elemento **"texto"**.

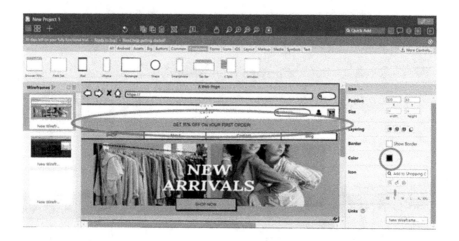

De nuevo, como puedes ver, he cambiado el color de fondo. Puedes seleccionar cualquier color de tu elección en la parte derecha de la interfaz.

Ahora llegaremos a la barra de navegación. Para la barra de navegación, usted tiene tres opciones. Usted puede elegir **la barra de botones** como su marcador de posición para la tienda, Acerca de, contacto y enlaces del blog, o puede insertar un enlace o barra de menú. Yo he utilizado una barra de botones, ya que visualmente se parecen mucho a una barra de navegación.

Como puede ver en el lado derecho, tiene información sobre el elemento. Como nuestra barra de navegación consta de 4 enlaces a páginas web, el lado derecho muestra cuatro enlaces. Sólo la página web de la tienda está vinculada a otra estructura metálica. ¿Qué significa esto? Bueno, cuando haga clic en el botón de cortar, se le llevará a otra página web que muy probablemente le mostrará las categorías del botón de la tienda, o tal vez será un menú desplegable. Esta es la belleza de las Herramientas UI. Puedes probar el sistema como usuario.

He subido el proyecto a Google drive para que ustedes también puedan usar y ejecutar el prototipo. Este es el enlace:

```
https://drive.google.com/drive/folders/1zO1X
rUcvJPTWCIMePHqMtom2vxWk_6eK?usp=sharing
```

De todos modos, de vuelta a la **navegación**, por lo que simplemente insertar los wireframes en estos marcadores de posición de enlace para que cuando se hace clic en estos **botones**, se le llevará al siguiente paso. Te mostraré el siguiente paso al hacer clic en el botón de **"tienda"** dentro de un rato. Pero primero, vamos a pasar al banner de la imagen, pero antes de eso, déjame mostrarte cómo es la barra de menú y la barra de enlaces.

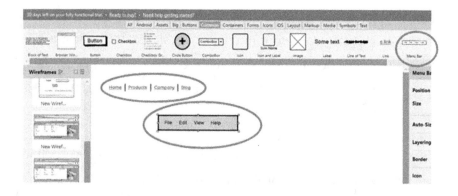

Bien, es el momento del banner de imagen después de la barra de navegación. Para ello, simplemente arrastré el elemento de imagen y cargué nuestra imagen de cabecera, que es la imagen principal de nuestra página de inicio.

Después de eso, inserté un botón en la parte superior de esta imagen y lo etiqueté como comprar ahora.

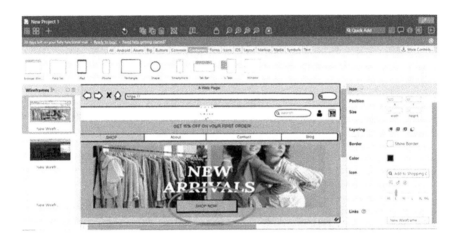

Así que ahí tienes, esta es la mitad superior de nuestra página principal.

Ahora es el momento de que conozcas cómo funciona la interacción o el flujo en Balsamiq. Por flujo, me refiero a cómo podemos navegar de una página a otra o lo que sucederá si hago clic en el botón del carrito.

Ahora bien, si alguna vez has comprado en línea, sabes que cuando haces clic en el botón del carrito, verás una especie de desplegable que muestra los artículos que has seleccionado. En la mayoría de los casos, tenemos la opción de editar los artículos insertados, como eliminarlos o actualizar el número de los mismos. Por último, vemos la opción de "pasar por caja" o simplemente de "seguir comprando".

Y cuando aparece este desplegable, se quiere que el usuario se centre sólo en ese elemento concreto. Por eso, cuando compras en Internet, ves el fondo difuminado y sólo se enfoca la lista de artículos desplegables o el menú de artículos. Pues bien, yo también he hecho esto posible. Vea la imagen de abajo para una mejor comprensión.

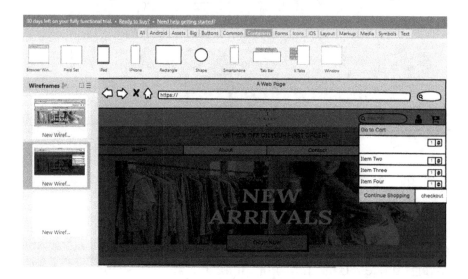

En primer lugar, he elegido un elemento de acordeón simple para mostrar los artículos del carrito. A continuación, he añadido el elemento escalón numérico delante del **texto del artículo.**

Puedes buscar estos elementos desde el **agregado rapido** puedes encontrar el **escalón numérico** desde la botonera y el **acordeón** desde la pestaña layout.

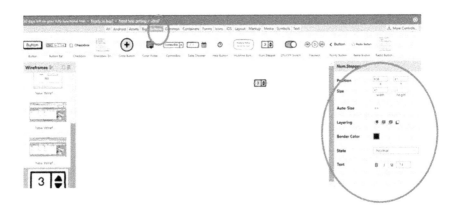

Al igual que cualquier otro elemento, también se puede personalizar el escalón numérico. Puede cambiar el número o puede cambiar el color, etc.

Del mismo modo, el acordeón también muestra su propio conjunto de personalizaciones. También puedes añadir enlaces a los elementos de la barra de acordeón.

Bien, volvamos a la cosa del carrito. He insertado dos botones, uno para la compra centimétrica y el otro te llevará a la página de pago.

Por último, para que todo sea enfocable y un buen instrumento de usabilidad, he hecho el fondo un poco opaco colocando un rectángulo sobre los elementos y llevando su transparencia a un número bajo.

Ahora la pregunta es, ¿cómo enlazar estos dos wireframes? Si hago clic en el botón del carrito, ¿cómo veré los artículos del carrito mostrados?

Pues bien, simplemente he seleccionado el **icono del carrito.** En el lado derecho, verás la opción del **enlace**. Aquí seleccioné el wireframe, que contiene la información del carrito desde la opción del enlace.

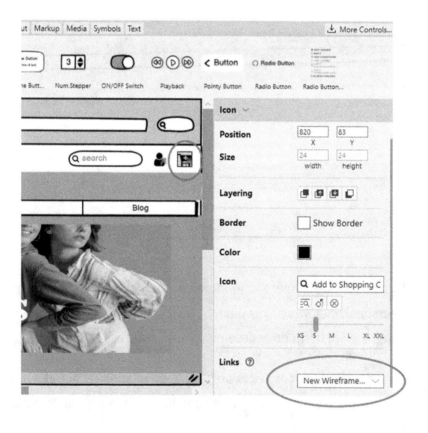

El nombre del wireframe del carrito era **copia del wireframe 1**, así que simplemente lo seleccioné en el desplegable. Verás una marca roja en el carrito, lo que significa que es una función vinculada en Balsamiq y te llevará a un nuevo wireframe.

Bien, ¿qué pasa si hago clic en el símbolo de "Cuenta de usuario"? También lo he vinculado a una página. ¿Pero qué muestra esta página? Bueno, mira la imagen por ti mismo.

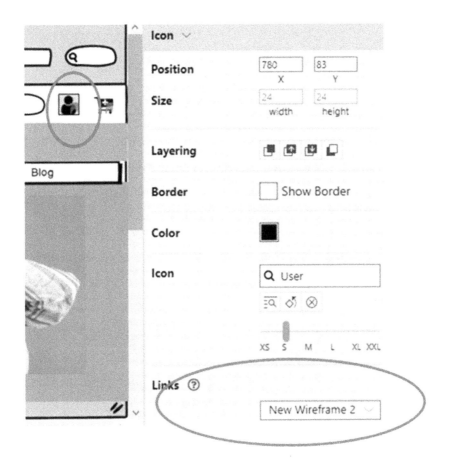

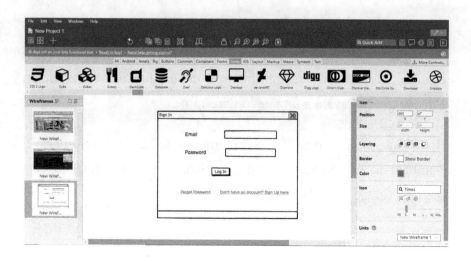

¡Tada! El icono de la cuenta de usuario te lleva a una página que te pide, con razón, que te registres. Si eres un usuario o no te has registrado todavía, tendrás que registrarte, ¿verdad? Pues también hay una opción para eso. Y si tu usuario ha olvidado su contraseña, debe haber un enlace que le lleve a un formulario donde pueda restablecer la contraseña de nivel. Usabilidad. ¡Funcionalidad! ¿Recuerdas? Así es como debe ser una buena UX.

¿Ves ese pequeño icono en forma de cruz en la esquina superior derecha del formulario? Al hacer clic en él, volverás a la página principal o a la página desde la que te has registrado, aunque, en mi opinión, debería haber un botón de cancelación, ya que necesitamos que el usuario se registre o inicie sesión. Ese es el propósito de este formulario, pero digamos que el usuario no quiere iniciar sesión o registrarse en ese momento, y en su lugar sólo quiere navegar por la tienda, bueno, ¿por qué deberíamos detenerlos? Deberíamos dejarles hacer lo que quieran.

Supongamos que quiere comprar y ha decidido ver lo que ofrece esta tienda de comercio electrónico. Obviamente, hará clic en el botón de compra. ¿Qué espera ver? ¿Un desplegable con todas las categorías de ropa para hombre o mujer? Pues esto es lo que hemos hecho.

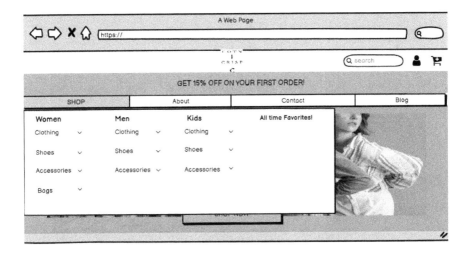

Al hacer clic en el botón de la tienda, vemos un menú desplegable que muestra las categorías que esta tienda ofrece en moda de mujer, hombre y niños.

Recordemos el mapa del sitio que hicimos en el capítulo 3. Su aspecto es el siguiente:

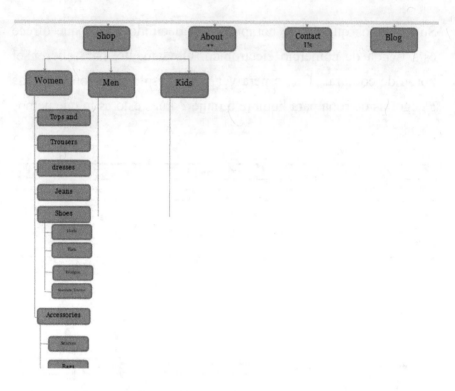

Como puede ver, la tienda tiene tres componentes, hombres, mujeres y niños.

Si lo desglosamos más, podemos añadir más categorías. Teniendo en cuenta este mapa del sitio, hemos hecho el desplegable del enlace de nuestra tienda. Si hacemos clic en las categorías, obtendremos subcategorías. Por ejemplo, si hago clic en el icono desplegable frente a la ropa en la sección de mujeres, probablemente veré tops y blusas, vestidos, jeans, pantalones, etc. hagamos esta subcategoría en Balsamiq.

Recuerda que no estás creando el producto final mientras utilizas una herramienta de Prototipo. El propósito de un prototipo es probar la viabilidad de una idea y recoger los comentarios de los usuarios. Por lo general, se crean rápidamente y no están destinados a ser perfectos. Así que no se desanime si su prototipo no es perfecto. Sigue iterando y perfeccionando hasta que lo consigas.

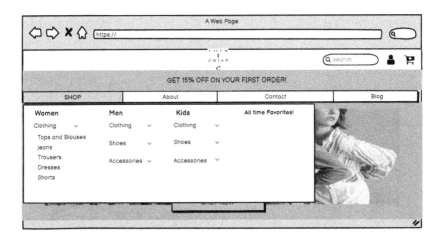

¿No es impresionante? Como un sitio web real

Bueno, esto es todo.

¡Voy a dejar el resto de la página para que la hagan sus chicos! Y estoy seguro de que harán un trabajo impresionante.

Recuerda que debes hacer que el flujo sea lo más fluido posible. Vaya a ver sitios web de e-commerce para variar y vea cómo funcionan. Esto te dará una gran idea. Y por último, pero lo más importante, ¡practica, practica y practica un poco más! Sólo podrás trabajar si practicas.

Empieza haciendo prototipos en papel, y luego utiliza una herramienta interactiva como Balsamiq. Estudia a tu público.

Reflexiones Finales sobre Prototipos y Herramientas de UI:

Los prototipos de UI son una gran manera de crear rápidamente tu sitio web o prototipo de aplicación. Pueden ahorrarte tiempo a largo plazo y ayudarte a crear una mejor experiencia de usuario. Sin embargo, si quieres tener más control sobre el proceso de diseño y desarrollo, entonces es posible que quieras usar HTML y CSS. HTML y CSS se utilizan mejor cuando eres nuevo en la industria, o tu proyecto es de pequeño alcance. Pero si tienes más experiencia, entonces una herramienta de prototipos de UI puede ser una mejor opción. Balsamiq es una excelente herramienta para crear prototipos. Es fácil de usar y tiene una amplia gama de características. Si buscas una herramienta más sofisticada, puedes considerar el uso de Adobe XD. Adobe XD es una potente herramienta que permite crear prototipos de alta fidelidad. Pero también es más cara y requiere una suscripción. Al final, todo se reduce a tus necesidades y preferencias específicas. Elige la herramienta que mejor se adapte a tus necesidades. ¡Gracias por leer! :)

Conclusión

Bueno, esto es todo. Aquí es donde nos despedimos. Pero no antes de compartir algunas palabras finales que realmente pueden redondear las cosas para ti.

Lo primero y más importante que hay que tener en cuenta es que el diseño de UX y UI está cambiando realmente la forma de hacer las cosas hoy en día. Ya no es aceptable que las empresas ofrezcan al público en general productos que no tengan en cuenta la experiencia del usuario y el desarrollo adecuado de la interfaz. Siempre habrá margen de mejora, por supuesto, pero el hecho es que el mundo digital se asienta sobre las bases del "usuario", y es éste quien determina lo que funciona y lo que no. Así que, como programador o diseñador, tienes que tener esto en cuenta, y saber que lo que haces realmente marca la diferencia.

Este libro desglosa todos y cada uno de los aspectos del diseño y la programación de UX y UI para que lectores como tú entiendan cómo funciona todo. Como eres un principiante y quieres ser el mejor, espero sinceramente que este libro te haya servido de ayuda. Cada capítulo de este libro toma un concepto del mundo de la UX y lo explica en detalle para que puedas aplicarlo a tus diseños. Sin tonterías, sin palabrería. Conceptos sencillos que realmente pueden ayudar a individuos florecientes como tú a aprender estas ideas fácilmente. Cada capítulo de este libro contiene conocimientos fácilmente digeribles que puedes aplicar a tu trabajo inmediatamente.

Lo más importante es recordar que la práctica hace la perfección. La única forma de mejorar en el diseño UX es diseñando. Mucho.

¿A qué esperas? Sal ahí fuera y pon a prueba tus nuevos conocimientos. Y si alguna vez te sientes perdido, no dudes en volver a leerlo.

¡Te deseamos lo mejor en tu viaje para convertirte en un gran diseñador UX/UI!

Gracias por comprar y leer/escuchar nuestro libro. Si has encontrado este libro útil/ayudante, por favor, tómate unos minutos y deja una reseña en Amazon.com o Audible.com (si has comprado la versión de audio).

Referencias

Marsh, J. (2016). UX for Beginners: A Crash Course in 100 Short Lessons (1st ed.). O'Reilly Media.

USER EXPERIENCE (UX) DESIGN CONCEPTS FOR MOBILE APP DEVELOPMENT COURSES. (2020). Issues In Information Systems. https://doi.org/10.48009/4_iis_2020_202-211

CareerFoundry. (n.d.). UX Tutorial 1: What Exactly Is UX Design? (Free Course). https://careerfoundry.com/en/tutorials/ux-design-for-beginners/what-is-ux-design/

Store, C. (2022). UI/UX DESIGN WIREFRAME SKETCHBOOK: Wireframes dummies Responsive Sketching Notebook For UI and UX Designers. Independently published.

Godwin, N. (2022). UX/UI DESIGN 2022 BEGINNERS TO ADVANCED USER GUIDE: The Ultimate Step by Step Guide to Mastering the UX/UI Design + Best Practices for Beginners to Intermediate and Advanced Designers. Independently published.

Buxton, B. (2007). Sketching User Experiences: Getting the Design Right and the Right Design (Interactive Technologies) (1st ed.). Morgan Kaufmann.

Lupton, E. (2017). Design Is Storytelling (1st ed.). Cooper Hewitt, Smithsonian Design Museum.

Press, Scripto Love. (2021). UX/UI Designer Notebook (White): UX/UI Design for Mobile, Tablet, and Desktop - Sketchpad - User Interface - Experience App Development - Sketchbook - . . . App MockUps - 8.5 x 11 Inches With 120 Pages. Independently published.

Allanwood, G., & Beare, P. (2019). User Experience Design: A Practical Introduction (Basics Design) (2nd ed.). Bloomsbury Visual Arts.

Vieira, J. (2019, June 11). Coding for Designers: How Much Should We Know? Toptal Design Blog. https://www.toptal.com/designers/ui-ux/designers-coding

Colborne, G. (2017). Simple and Usable Web, Mobile, and Interaction Design (Voices That Matter) (2nd ed.). New Riders.

How To Become A Self-Taught UI/UX Designer. (2022, January 5). Https://Dribbble.Com. https://dribbble.com/resources/how-to-become-ui-ux-designer

Jones, C. (n.d.). UX/UI Design 2022: A Comprehensive UI & UX Guide to Master Web Design and Mobile App Sketches for Beginners and Pros.

Books, UX/UI Designer. (2020). UX / UI Wireframe Design Sketchbook: Mobile, Tablet and Desktop templates for responsive designs with project planning. Independently published.